Bild und Wort

Picture and Word

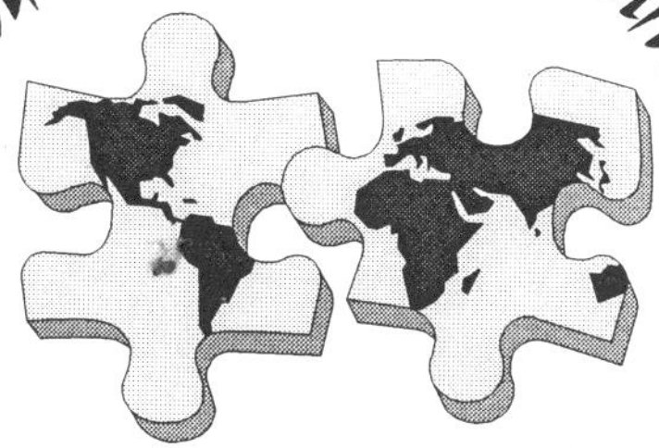

Image et Mot

صورة وكلمة

didactique & média

dmg

B.P. 1658,
MA-30000 FES, Atlas

U.K. Publisher:
IMPART BOOKS
Gwelyfryn, Llanidloes Road
Newtown, Powys SY16 4HX

First published in Morocco in 1999 ISBN 9954-0-1882-4

Published in the U.K. in 2000   ISBN 1 874155 38 0

IMPART BOOKS
Gwelfryn, Llanidloes Road,
NEWTOWN, Powys SY16 4HX
United Kingdom

Phone   + 44 1686 623484
Fax   + 44 1686 623784
E-mail   impart@books.mid-wales.net
Website   www.books.mid-wales.net/index.html

مسالك دراسية لجيلنا
dmg
didactique & média

B.P. 1658, MA-30 000 FES, Atlas
(00 212 5) 60 34 75
(00 212 5) 93 00 39
dmg-fes@gmx.net
www.dmg.mediasite.de

Es soll zweierlei Bedürfnissen entgegenkommen:

Wäre Sprachstudium ein Mahl mit mehreren Gängen, nähme dieses Buch den Platz einer leichten Vorspeise ein. Es soll den Appetit anregen auf die schwerere Hauptspeise mit Grammatik und allem, was dazu gehört.

Manche von uns haben schon ein ernsthaftes Sprachstudium hinter sich, wir besitzen wissenschaftliche Lexika und bleiben doch stecken, wenn wir einen einfachen Gegenstand des täglichen Lebens kaufen wollen - einen Handbesen zum Beispiel.

Sie können in diesem Buch einfach blättern, oder, wenn Sie einen bestimmten Begriff suchen, eines der beiden Verzeichnisse zu Hilfe nehmen:

● Ein Verzeichnis der Lebensbereiche (nach den Vorworten), denen die Wörter zugeordnet sind.

● Ein Wörterverzeichnis, nach den vier Alphabeten ,geordnet. (Das deutsche finden Sie auf S. 188).

Deutsch

Wir nennen jedes Hauptwort mit seinem bestimmten Artikel, um sein Geschlecht eindeutig zu bestimmen. Wir empfehlen, diesen Artikel immer gleich mitzulernen. Die Mehrzahlform der Hauptwörter steht immer hinter einem Komma, unveränderte Hauptwörter (oder unveränderte Teile bei zusammengesetzten Hauptwörtern) werden aber nicht wiederholt, sondern durch einen Bindestrich ersetzt, z.B. der Ausgang, -gänge.

Englisch

Zeitwörter werden durch „to" bestimmt, Hauptwörter durch den unbestimmten Artikel „a" oder „an". Unregelmäßige Mehrzahlformen stehen in Klammern, sind auf dem Bild mehrere Exemplare gezeichnet, weil sich einfach ein einzelner Kieselstein kaum zeichnen lässt, erscheint diese Mehrzahl hinter einem Komma, z. B. a pebble, pebbles.

Französisch

Das Geschlecht der Hauptwörter ist jeweils durch den unbestimmten Artikel „un" oder „une" kenntlich gemacht; die unregelmäßigen Mehrzahlformen werden nach einem Komma angegeben, z.B. un chou, choux.

Arabisch

Die Verbformen sind, wie üblich, in der 3. Person Vergangenheit angegeben, der Selbstlaut des mittleren Radikals für die Gegenwartsform in Klammern dahinter. Bei den Hauptwörtern geben wir den unregelmäßigen Plural in Klammern an. Wir haben darauf geachtet, alle für die Aussprache tatsächlich wichtigen Selbstlaute anzugeben, das heißt, den letzten Vokal eines Wortes in der Regel nicht.

It is intended to meet two needs:

Firstly, if language study were a meal of several courses, this book would be the starter. It should stimulate the appetite for the heavy main course i.e. grammar and everything else that goes with it.

Secondly, some of us have done serious language study and we have academic dictionaries. However, we still get stuck when we want to buy a simple item like a dust pan for example.

You can simply browse through this book or if you are looking for something specific, refer to one of the two indexes:

● A list of the different sections under which related words are grouped (after the next page).

● An alphabetical index for each language. (The English index is on p. 195.)

German

Every noun is listed with the definite article to clearly indicate the gender. We recommend that you always learn the nouns with their articles. The plural form of the noun is given after a comma. When the noun or a part of it stays the same in the plural it is replaced by a hyphen e.g. der Ausgang, -gänge.

English

Verbs are preceded by "to" and nouns by the indefinite article "a" or "an". Irregular plural nouns are listed in brackets. If there is more than one item in the picture, the plural is listed after the comma e.g. twin, twins.

French

The gender of a noun is defined by the indefinite article "un" or "une". The irregular plural forms are listed after a comma e.g. un chou, choux.

Arabic

Verbs are listed in the third person singular masculine of the past tense. The middle present tense vowel follows in brackets. Also in brackets are the irregular plural forms of the nouns. All vowels needed for correct pronunciation are marked, which means the last vowel of a word is normally omitted.

Ce livre veut répondre à deux besoins :

Si l'étude de langue était un repas avec plusieurs plats, ce livre prendrait la place d'un hors d'œuvre léger. Il veut ouvrir l'appétit pour le plat de resistance plus lourd avec la grammaire et tout ce qui en fait partie.

Plusieurs d'entre nous ont déjà suivi des études de langue sérieuses, nous avons des dictionnaires scientifiques, mais nous sommes quand-même coincés si nous voulons acheter un article de la vie quotidienne, par exemple une balayette.

On peut simplement feuilleter dans ce livre, ou consulter un des indexes pour trouver un mot précis :

● La table de matières (page suivante) renvoit aux domaines avec lesquels les mots sont associés.

● Un index alphabétique pour chaque langue. (L'index français se trouve à la page 202)

Allemand

Chaque nom est mentionné avec son article défini, pour indiquer clairement le genre du mot. Nous vous conseillons de l'apprendre toujours avec le nom. Le pluriel des noms est mentionné après une virgule. Des noms inchangés (ou les parties inchangées des noms composés) ne sont pas répétés, mais remplacés par un trait d'union : der Ausgang, -gänge

Anglais

Les verbes sont définis par «to», le noms par l'article indéfini «a» or «an». Les pluriels irréguliers sont mentionnés entre parenthèses. Si plusieurs exemplaires sont dessinés sur l'image, parce qu'un seul caillou est difficile à dessiner, le pluriel est indiqué après une virgule : a pebble, pebbles.

Français

Le genre des noms est toujours révélé par l'article indéfini «un» ou «une». Les formes irrégulieres du pluriel sont mentionnées après une virgule : un chou, choux.

Arabe

Selon la convention, les verbes sont donnés à la troisième personne singulier du passé, suivi, entre parenthèses, par la voyelle du radical principal pour la forme du présent. Pour les noms, nous donnons le pluriel irrégulier entre parenthèses. Nous avons pris soin de mentionner toutes les voyelles qui sont réellement importantes pour la prononciation, ainsi, la dernière voyelle d'un mot est généralement omise.

Inhaltsverzeichnis

Inhaltsverzeichnis

Table of Contents

Table de Matières

فهرس الميادين

graben
to dig

creuser
حَفَرَ (ﹻ)

trinken
to drink

boire
شَرِبَ (ﹷ)

essen
to eat

manger
أَكَلَ (ﹹ)

springen
to jump

sauter
قَفَزَ (ﹻ)

lachen
to laugh

rire
ضَحِكَ (ﹷ)

anstreichen
to paint

peindre
صَبَغَ (ﹹ)

anschieben
to push

pousser
دَفَعَ (ـَ)

rennen
to run

courir
جَرَى (ـِ)

nähen
to sew

coudre
خَاطَ (ـِ)

singen
to sing

chanter
غَنَّى (ـِ)

sitzen
to sit

s'asseoir
جَلَسَ (ـِ)

skifahren
to ski

faire du ski
تَزَحْلَقَ (II)

seilspringen to skip sauter à la corde نَطَّ (ﹻ)	schlafen to sleep dormir نَامَ (ﹷ)	niesen to sneeze éternuer عَطَسَ (ﹻ)
stehen to stand être debout وَقَفَ (ﹻ)	fegen to sweep balayer كَنَسَ (ﹻ)	schwimmen to swim nager سَبَحَ (ﹷ)

werfen to throw	gehen to walk	(sich) waschen to wash (oneself)

lancer رَمَى (ـِ)	marcher مَشَى (ـِ)	(se) laver غَسَل (ـِ)
winken to wave	schreiben to write	gähnen to yawn

faire signe de la main لَوَّحَ (ـِ)	écrire كَتَبَ (ـُ)	bâiller تَثَاءَبَ. (IV)

das Boot, -e
a fishing-boat

une barque
قَارِبٌ (قَوارِب)

das Netz, -e
a fishing-net

un filet
شَبَكَةٌ (شِبَاك)

der Schornstein, -e
a funnel

une cheminée
مِدْخَنَةٌ

der Hafen, Häfen
a harbour

un port
مِينَاءٌ (مَوَانِئ)

der Eisberg, -e
an iceberg

un iceberg
جَبَلُ جَلِيد

die Rettungsweste, -n
a life-jacket

un gilet de sauvetage
صِدَارُ النَّجَاة

der Rettungsring, -ringe
a lifebuoy

une bouée de sauvetage

عَوَّامَةُ النَّجَاةِ

der Hummerkorb, -körbe
a lobster pot

un casier à homards

شَبَكٌ لِصَيْدِ جَرادِ الْبَحْرِ

der Schiffsmast, -en
a mast

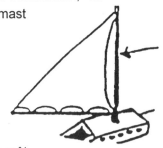

un mât

سَارِيَة (سَوارٍ)

der Tintenfisch, -e
an octopus

une pieuvre

أُخْطُبُوط

die Bohrinsel, -inseln
an oil rig

une plate-forme pétrolière

حَفَّارَةُ النَّفْطِ

die Perle, -n
a pearl

une perle

لُؤْلُؤٌ (لآلِئٍ)

das Bullauge, -n
a porthole

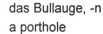

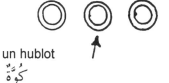

un hublot

كُوَّةٌ

der Kai, -s
a quay

un quai

رَصِيفٌ (أَرْصِفَة)

das Segelboot, -e
a sailing boat

un voilier

زَوْرَقٌ شِرَاعِي

das Meer, -e
the sea

la mer

بَحْر

der Haifisch, -e
a shark

un requin

سَمَكُ الْقِرْش

das Schiff, -e
a ship

un bateau

بَاخِرَة (بَوَاخِر)

der Seestern, -e
a starfish

une étoile de mer
نَجْمَةُ الْبَحْر

das Unterseeboot, -e
a submarine

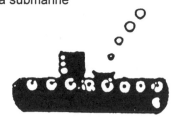

un sous-marin
غَوَّاصَة

das Walross, -rösser
a walrus

un morse
فِيلُ الْبَحْر

die Welle, -n
a wave

une vague
مَوْجَةٌ (أَمْوَاج)

der Wal, -e
a whale

une baleine
حُوت

die Jacht, -en
a yacht

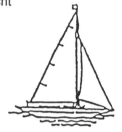

un yacht
يَخْت

das Cockpit, -s

a cockpit

le poste de pilotage

مَقْصُورَةُ الرُّبَّان

der Kontrollturm, -türme

a control tower

une tour de contrôle

بُرْجُ الْمُرَاقَبَة

der Tankwagen, -

a fuel tanker

une citerne

نَاقِلَةُ نَفْط

der Hangar, -s

a hangar

un hangar

حَظِيرَةُ الطَّائِرات

der Hubschrauber, -

a helicopter

un hélicoptère

حَوَّامَةٌ

das Strahltriebwerk, -e

a jet engine

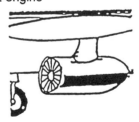

un moteur à réaction

مُحَرِّكٌ نَفَّاث

der Fallschirm, -e
a parachute

un parachute
مِظَلَّةُ هُبُوط

das Flugzeug, -e
a plane

un avion
طَائِرَة

der Radar
a radar

un radar
جِهَازُ الرَّادَار

das Rotorblatt, -blätter
a rotor blade

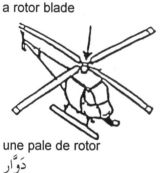

une pale de rotor
دَوَّار

die Startbahn/Landebahn, -en
a runway

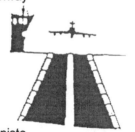

une piste
مُدْرَجُ الطَّائِرَات

der Windsack, -säcke
a windsock

un sac à vent
دَوَّارَةُ الرِّيح

der Akrobat, -en
an acrobat

un(e) acrobate
بَهْلَوَانٌ (بَهْلَوِيَّةٌ)

der Kunstreiter, -
a bareback rider

artiste équestre
فَارِسٌ بَهْلَوَانِي

der Käfig, -e
a cage

une cage
قَفَصٌ (أَقْفَاص)

der Zirkus, -se
a circus

un cirque
سِيرْك

der Ausgang, -gänge
an exit

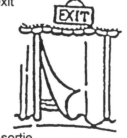

une sortie
مَخْرَج

das Popcorn
popcorn

du pop-corn
ذُرَة مُشَقَّقَة

die Manege, -n a ring  une piste حَلَبَة	der Zirkusdirektor, -en a ringmaster  Monsieur Loyal مُدِير سِيرْك	das Seil, -e a rope  une corde حَبْلٌ (حِبَال)
das Netz, -e a safety-net  un filet de secours شَبَكَةُ الأَمَان	das Hochseil, -e a tightrope  une corde raide حَبْلُ الْبَهْلَوَان	das Trapez, -e a trapeze  un trapèze أُرْجُوحَةُ الْبَهْلَوَان

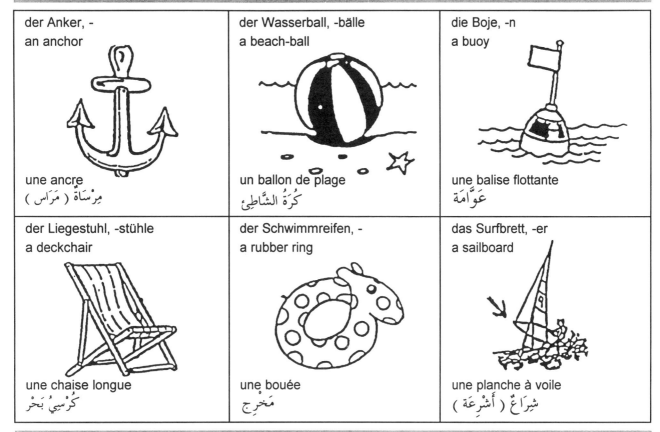

der Anker, -
an anchor

une ancre
مِرْسَاةٌ (مَرَاس)

der Wasserball, -bälle
a beach-ball

un ballon de plage
كُرَةُ الشَّاطِئ

die Boje, -n
a buoy

une balise flottante
عَوَّامَة

der Liegestuhl, -stühle
a deckchair

une chaise longue
كُرْسِيُّ بَحْر

der Schwimmreifen, -
a rubber ring

une bouée
مَخرِج

das Surfbrett, -er
a sailboard

une planche à voile
شِرَاعٌ (أَشْرِعَة)

Am Meer — At the Seaside

die Sandburg, -en
a sandcastle

un château fort en sable
قَصْرٌ مِنَ الرِّمَال

die Muschel, -n
a seashell

un coquillage
صَدَفَةٌ (أَصْدَاف)

am Meer
the seaside

bord de la mer
شَاطِئُ الْبَحْر

der Seetang
seaweed

une algue
عُشْبُ الْبَحْر

der Schnorchel, -
a snorkel

un tuba
قَصَبَةُ التَّنفُّس

der Windschutz
a windbreak

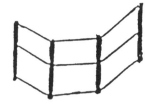

un pare-vent
حَاجِزُ الرِّيح

Au Bord de la Mer — علي شاطئ البحر

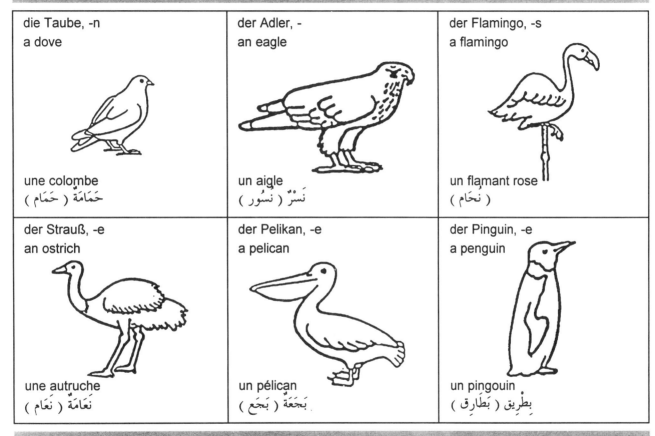

Vögel Birds

die Taube, -n a dove une colombe حَمَامَةٌ (حَمَام)	der Adler, - an eagle un aigle نَسْرٌ (نُسُور)	der Flamingo, -s a flamingo un flamant rose (نَحَام)
der Strauß, -e an ostrich une autruche نَعَامَةٌ (نَعَام)	der Pelikan, -e a pelican un pélican بَجَعَةٌ (بَجَع)	der Pinguin, -e a penguin un pingouin بِطْرِيق (بَطَارِق)

Oiseaux طيور

das Rotkehlchen, - a robin  un rouge-gorge أَبُو الْحِنَاء	die Möwe, -n a seagull  une mouette نَوْرَسُ الْبَحْر	der Storch, Störche a stork  une cigogne لَقْلاقٌ (لَقَالِق)
der Schwan, Schwäne a swan  un cygne إِوَزَّةٌ عِرَاقِيَة (إِوَز)	der Geier, - a vulture  un vautour عُقَابٌ (عُقْبان)	der Specht, -e a woodpecker  un pic نَقَّارُ الْخَشَب

die Fabrik, -en
a factory

une usine
مَعْمَلٌ (مَعَامِل)

die Garage, -n
a garage

un garage
مَرْأَب (مَرَائِب)

das Hotel, -s
a hotel

un hôtel
فُنْدُقٌ (فَنَادِق)

die Hütte, -n
a hut

une hutte
كُوخٌ (أَكْوَاخ)

der Leuchtturm, Leuchttürme
a lighthouse

un phare
مَنَارَةٌ (مَنَائِر)

das Gefängnis, -se
a prison

une prison
سِجْنٌ (سُجُون)

der Markt, Märkte

a market

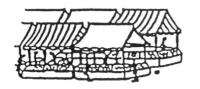

un marché

سُوقٌ (أَسْوَاق)

die Moschee, -n

a mosque

une mosquée

مَسْجِدٌ (مَسَاجِد)

die Kirche, -n

a church

une église

كَنِيسَةٌ (كَنَائِس)

der Tempel, -

a temple

un temple

هَيْكَلٌ (هَيَاكِل)

der Turm, Türme

a tower

une tour

بُرْجٌ (أَبْرَاج)

die Windmühle, -n

a windmill

un moulin à vent

طَاحُونَة هَوَائِية

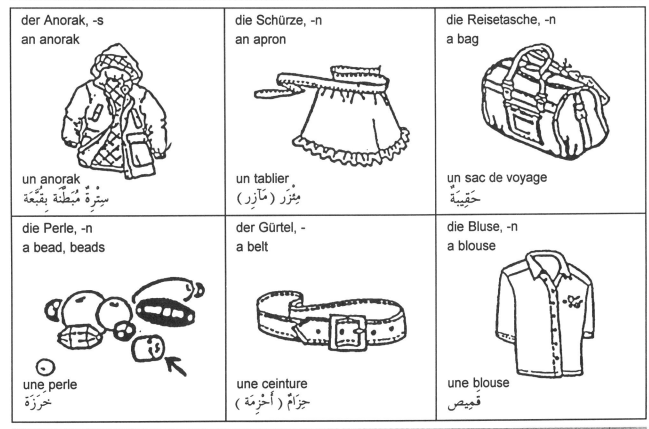

der Anorak, -s
an anorak

un anorak
سِتْرَةٌ مُبَطَّنَة بِقُبَّعَة

die Schürze, -n
an apron

un tablier
مِئْزَر (مَآزِر)

die Reisetasche, -n
a bag

un sac de voyage
حَقِيبَة

die Perle, -n
a bead, beads

une perle
خَرَزَة

der Gürtel, -
a belt

une ceinture
حِزَامٌ (أَحْزِمَة)

die Bluse, -n
a blouse

une blouse
قَمِيص

der Hut, Hüte
a bonnet

un chapeau
قُبَّعَة

der Stiefel, -
a boot

une botte
حِذَاءٌ طَويلٌ (أَحْذِيَة طَويلَةٌ)

die Schleife, -n
a bow

un nœud
أُنْشُوطَة (أَناشيط)

die Fliege, -n
a bow tie

un noeud papillon
رِباطُ رَقَبَة

der Hosenträger, -
a pair of braces

les bretelles
مِلْفَاف

die Gürtelschnalle, -n
a buckle

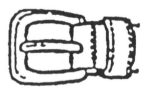

une boucle
مِشْبَكٌ (مَشَابك)

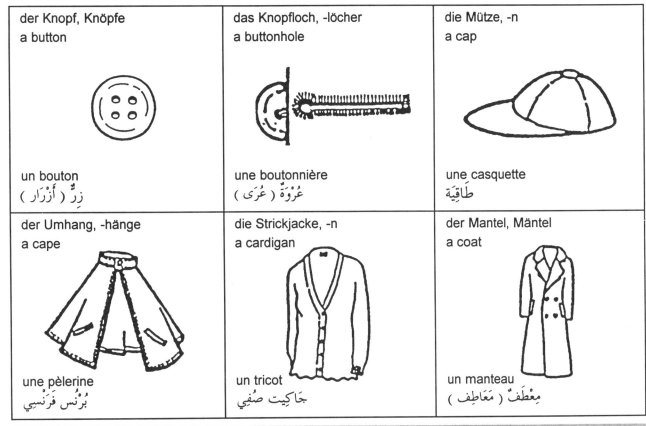

der Knopf, Knöpfe
a button

un bouton
زِرٌّ (أَزْرَار)

das Knopfloch, -löcher
a buttonhole

une boutonnière
عُرْوَةٌ (عُرَى)

die Mütze, -n
a cap

une casquette
طَاقِيَة

der Umhang, -hänge
a cape

une pèlerine
بُرْنُس فَرَنْسِي

die Strickjacke, -n
a cardigan

un tricot
جَاكِيت صُفِي

der Mantel, Mäntel
a coat

un manteau
مِعْطَفٌ (مَعَاطِف)

die Krone, -n a crown  une couronne تَاجٌ (تِيجَان)	der Diamant, -en a diamond  un diamant أَلْمَاسَة (أَلْمَاس)	die Dschellaba, -s a Djellabah  une djéllabah جِلْبَابٌ (جلابيب)
das Kleid, -er a dress  une robe مَلْبَسٌ (مَلاَبِس)	der Morgenrock, -röcke a dressing-gown  une robe de chambre بِذْلَةٌ	der Ohrring, -e an earring une boucle d'oreille قُرْط (أَقْرَاط)

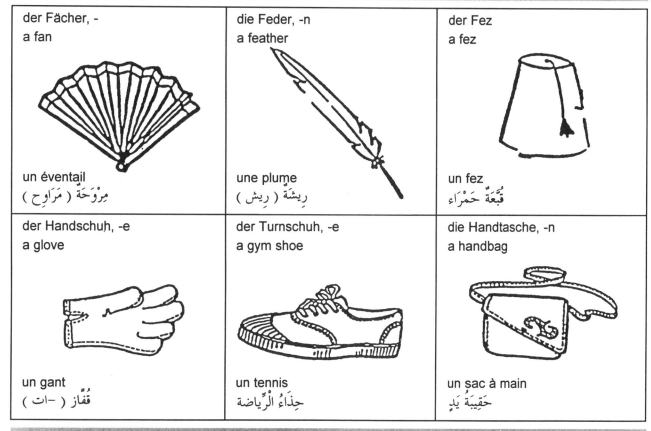

der Fächer, -
a fan

un éventail
مِرْوَحَةٌ (مَرَاوِح)

die Feder, -n
a feather

une plume
رِيشَةٌ (رِيش)

der Fez
a fez

un fez
قُبَّعَةٌ حَمْرَاء

der Handschuh, -e
a glove

un gant
قُفَّاز (–ات)

der Turnschuh, -e
a gym shoe

un tennis
حِذَاءُ الرِّياضة

die Handtasche, -n
a handbag

un sac à main
حَقِيبَةُ يَدٍ

das Taschentuch, -tücher
a handkerchief

un mouchoir
مِنْدِيل (مَنَادِيل)

der Hut, Hüte
a hat

les chapeaux
قُبَّعَة

das Kopftuch, -tücher
a headscarf (headscarves)

un foulard
قَلَنْسُوَة (قَلاَنِس)

die Kapuze, -n
a hood

un capuchon
سِتْرَة (سِتَر)

die Jacke, -n
a jacket

une veste
صِدَارٌ

die Jeans, -
jeans

un jean
سِرْوَال جِينْز

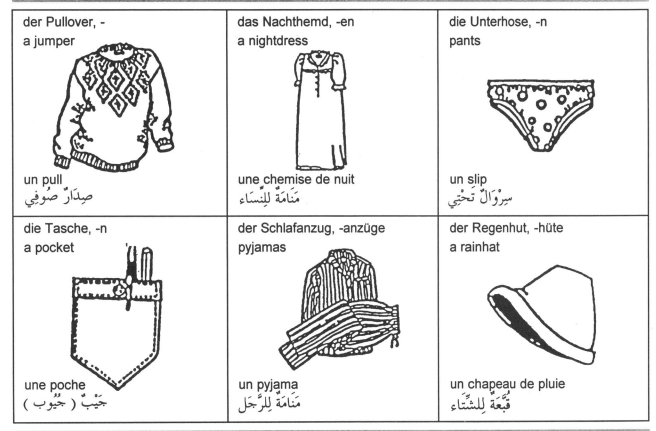

der Pullover, -
a jumper

un pull
صِدَارٌ صُوفِي

das Nachthemd, -en
a nightdress

une chemise de nuit
مَنَامَةٌ لِلنِّسَاء

die Unterhose, -n
pants

un slip
سِرْوَالٌ تَحْتِي

die Tasche, -n
a pocket

une poche
جَيْبٌ (جُيُوب)

der Schlafanzug, -anzüge
pyjamas

un pyjama
مَنَامَةٌ لِلرَّجَل

der Regenhut, -hüte
a rainhat

un chapeau de pluie
قُبَّعَةٌ لِلشِّتَاء

das Band, Bänder a ribbon	der Ring, -e a ring	die Sandale, -n a sandal
un ruban شَرِيطٌ مِنَ الْقُمَّاش	une bague خَاتَم (خَوَاتِم)	une sandale نَعْلٌ (نِعَال)
der Sari, -s a sari	der Schal, -s a scarf (scarves)	das Hemd, -en a shirt
un sari السَّارِي	une écharpe لَفَّاف	une chemise قَمِيصٌ (أَقْمِصَة)

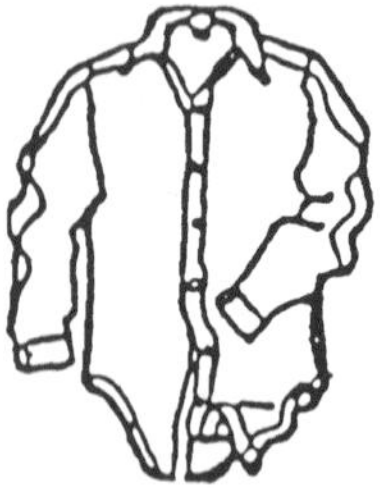

der Schuh, -e
a shoe

une chaussure
حِذَاءٌ (أَحْذِيَة)

der Schnürsenkel, -
a shoelace

un lacet de soulier
شَرِيطُ الْحِذَاءِ

die Shorts, -
shorts

un short
سِرْوالٌ قَصِير

der Rock, Röcke
a skirt

une jupe
تَنُّورَة (تنانِير)

der Hausschuh, -e
a slipper, slippers

une pantoufle
خُفٌّ (خِفاف)

die Socke, -n
a sock

une chaussette
جَوْرَبٌ قَصِير

der Strumpf, Strümpfe
a stocking

un bas
جَوْرَبٌ طَوِيل

die Sonnenbrille, -n
sunglasses

les lunettes de soleil
نظارات شَمْسِيَّة

der Sonnenhut, -hüte
a sunhat

un chapeau de paille
قُبَّعَة

der Pullover,-
a sweater

un tricot
صَدْرِيَّة مِنْ قُطُن

der Badeanzug, -anzüge
a swimsuit

un maillot de bain
لِبَاس سِبَاحَة

das T-Shirt, -s
a T-shirt

un T-shirt
صُدَيْرِيَة

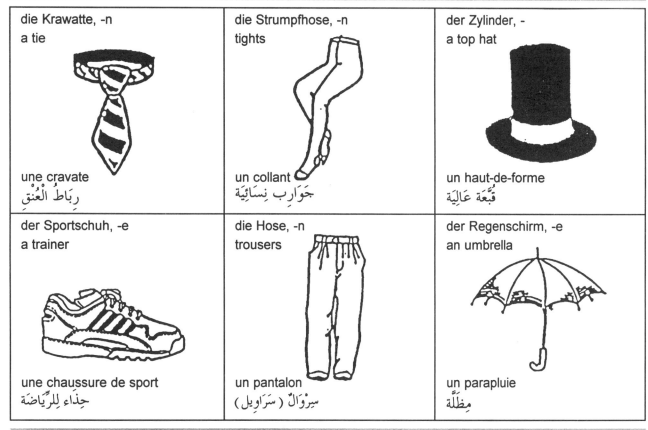

die Krawatte, -n
a tie

une cravate
رِبَاطُ الْعُنُقِ

die Strumpfhose, -n
tights

un collant
جَوَارِب نِسَائِيَة

der Zylinder, -
a top hat

un haut-de-forme
قُبَّعَة عَالِيَة

der Sportschuh, -e
a trainer

une chaussure de sport
حِذَاء لِلرِّيَاضَة

die Hose, -n
trousers

un pantalon
سِرْوَالٌ (سَرَاوِيل)

der Regenschirm, -e
an umbrella

un parapluie
مِظَلَّة

das Unterhemd, -en a vest	die Weste, -n a waistcoat	die Wolle wool

un gilet de peau قَمِيصٌ تَحْتِي	un gilet صَدْرِيَة	de la laine صُوفٌ (أَصْوَاف)
die Armbanduhr, -en a wristwatch	der Schleier, - a veil	der Reißverschluss, -verschlüsse a zip
		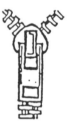
une montre سَاعَةُ يَد	un voile لِثَامٌ (لُثُم)	une fermeture éclair أَزِيز

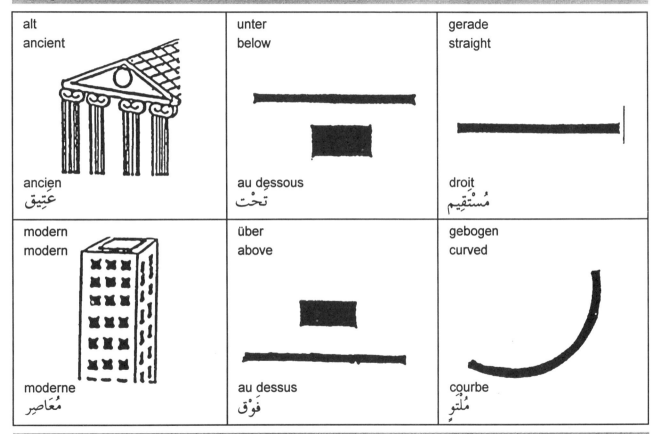

alt ancient	unter below	gerade straight
ancien عَتِيق	au dessous تحْت	droit مُسْتَقِيم
modern modern	über above	gebogen curved
moderne مُعَاصِر	au dessus فَوْق	courbe مُلْتوٍ

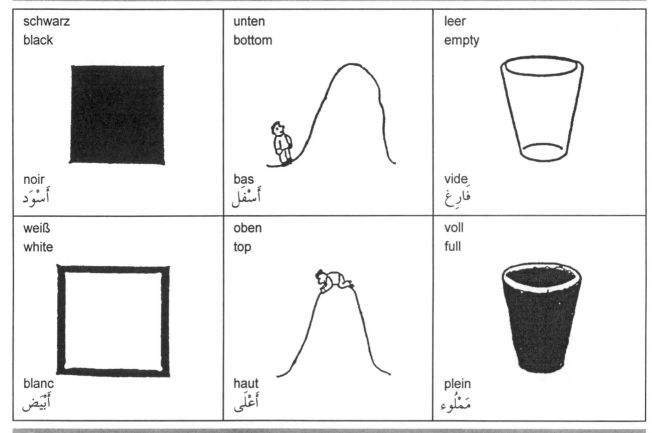

schwarz black	unten bottom	leer empty
noir أَسْوَد	bas أَسْفَل	vide فارِغ
weiß white	oben top	voll full
blanc أَبْيَض	haut أَعْلَى	plein مَمْلُوء

fett
fat

gros
بَدِين

riesig
giant

géant
عِمْلاق

hoch
high

haut
عَال

dünn
thin

maigre
نَحِيل

winzig
dwarf

nain
قَزَم

niedrig
low

bas
مُنْخَفِض

links
left

à gauche
الْيَسَار

hell
light

clair
مُضَاء

reich
rich

riche
غَنِيّ

rechts
right

à droite
الْيَمِين

dunkel
dar

sombre
مُظْلِم

arm
poor

pauvre
فَقِير

alt	richtig	seicht
old	right	shallow
vieux	juste	peu profond
قَدِيم	صَحِيح	سَطْحِي

neu	falsch	tief
new	wrong	deep
neuf	faux	profond
جَدِيد	خَاطِئ	عَمِيق

kurz
short

court
قصِير

klein
short

petit
قصِير

klein
small

petit
صَغِير

lang
long

longue
طَوِيل

groß
tall

grand
طَوِيل

groß
big

grand
كبِير

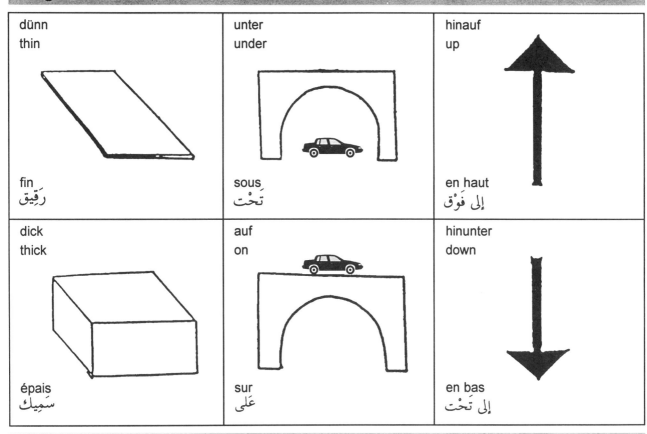

dünn
thin

fin
رَقِيق

unter
under

sous
تَحْت

hinauf
up

en haut
إلى فَوْق

dick
thick

épais
سَمِيك

auf
on

sur
عَلَى

hinunter
down

en bas
إلى تَحْت

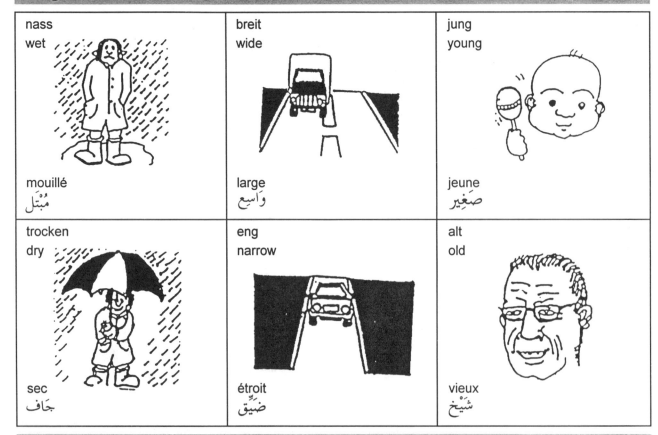

nass
wet

mouillé
مُبْتَل

breit
wide

large
وَاسِع

jung
young

jeune
صَغِير

trocken
dry

sec
جَاف

eng
narrow

étroit
ضَيِّق

alt
old

vieux
شَيْخ

der Keks, -e
a biscuit

un biscuit
بِسْكْوِيت

das Brot, -e
bread

du pain
خُبْز

der Topfkuchen, -
a muffin

un petit pain au lait
كَعْكَة

die Butter
butter

du beurre
زُبْدَة

der Kuchen, -
a cake

un gâteau
گاتُو

die Zuckerwatte
candy floss

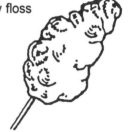

une barbe à papa
حَلْوَة صُوفِيَّة

der Käse

cheese

du fromage

جُبْنَة

die Schokolade

chocolate

du chocolat

شُكُولاَطَة

das Kotelett, -s

a chop

une cotelette

ضِلْعُ لَحْم

der Kuskus

couscous

un couscous

كُسْكُس

der Krebs, -e

a crab

un crabe

سَرَطَان

der Krapfen, -

a doughnut, doughnuts

un beignet, beignets

إِسْفَنْج

das Ei, -er
an egg

un oeuf
بَيْض

der Fisch, -e
a fish

un poisson
سَمَك

das Spiegelei, -er
a fried egg

un oeuf sur le plat
بَيْضٌ مَقْلِي

das Obst
fruit

du fruit
فوَاكِه

der Hotdog, -s
a hot dog

un hot-dog
سُجُقٌ أَمْرِيكِي

das Eis
an ice cream

une glace
قَشْدَة مُثَلَّجَة

das Eis am Stiel
an ice lolly

une glace sur bâtonnet
بُوظَة

die Marmelade, -n
jam

de la confiture
مُرَبَّى

der Hummer, -
a lobster

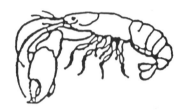

un homard
كَرْكَنْد

das Fleisch
meat

de la viande
لَحْم

die Milch
milk

du lait
حَلِيب

die Nuss, Nüsse
a nut, nuts

des fruits à l'écale
جَوْز

das Omelett, -s
an omelette

une omelette
عُجَّةُ الْبَيْض

die Auster, -n
an oyster

une huître
مَحَار

der Pfannkuchen, -
a pancake

une crêpe
فَطِيرَة

der Nachtisch, -e
a pudding

un dessert
هُلام

der Reis
rice

du riz
أُرْز

der Salat, -e
salad

de la salade
خَسّ

das Salz

salt

du sel

مِلْح

das Sandwich, -es

a sandwich

un sandwich

شَطِيرَة (شَطَائِر)

die Wurst, Würste

a sausage, sausages

une saucisse

سُجُق

die Suppe, -n

soup

une soupe

حَسَاء

Spaghetti

spaghetti

spaghetti

سْبَاغِيتِي

der Zucker

sugar

du sucre

سُكَّر

die Süßigkeit, -en
a sweet, sweets

de la sucrerie
حَلَوِيَات

der Tadschien (der Eintopf, -töpfe)
a tadjeen (= a stew)

la tadjine (un ragoût)
طَاجِين

der Tee, -s
tea

du thé
شَاي

der Auflauf, -läufe
a soufflé

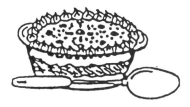

un soufflé
عَصِيدَة فَوَاكِه

das Gemüse, -
a vegetable, vegetables

un légume
خُضَر

der Joghurt, -s
a yogurt

un yaourt
لَبَنٌ رَائِب

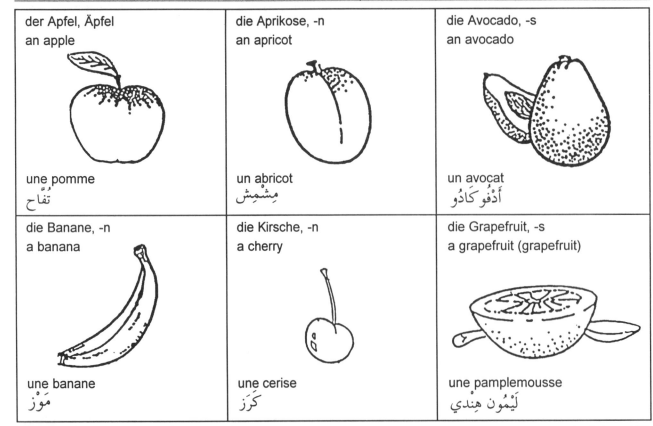

der Apfel, Äpfel
an apple

une pomme
تُفَّاح

die Aprikose, -n
an apricot

un abricot
مِشْمِش

die Avocado, -s
an avocado

un avocat
أَدْفُوكَادُو

die Banane, -n
a banana

une banane
مَوْز

die Kirsche, -n
a cherry

une cerise
كَرَز

die Grapefruit, -s
a grapefruit (grapefruit)

une pamplemousse
لَيْمُون هِنْدِي

die Traube, -n
a grape, grapes

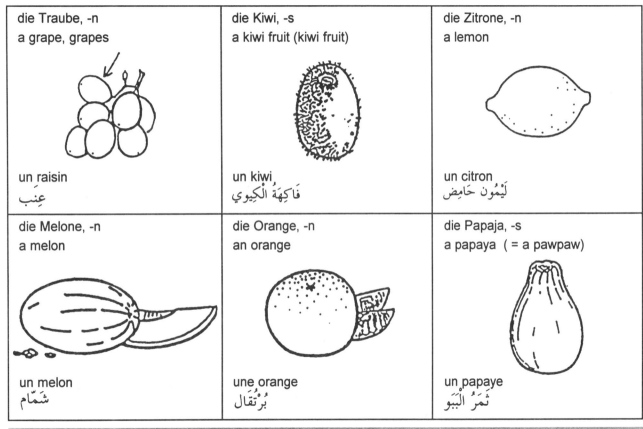

un raisin
عِنَب

die Kiwi, -s
a kiwi fruit (kiwi fruit)

un kiwi
فَاكِهَةُ الْكِيوِي

die Zitrone, -n
a lemon

un citron
لَيْمُون حَامِض

die Melone, -n
a melon

un melon
شَمَّام

die Orange, -n
an orange

une orange
بُرْتُقَال

die Papaja, -s
a papaya (= a pawpaw)

un papaye
ثَمَرُ الْبَبُو

der Pfirsich, -e
a peach

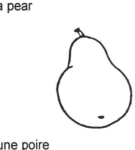

une pêche
خوخ

die Birne, -n
a pear

une poire
إجَّاص

die Ananas, -se
a pineapple

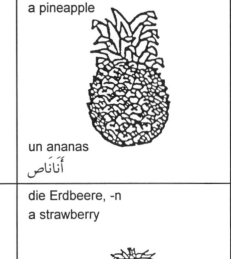

un ananas
أَنَانَاص

die Pflaume, -n
a plum

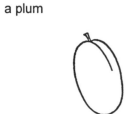

une prune
بَرْقُوق

die Himbeere, -n
a raspberry

une framboise
تُوتُ الْعُلَّيْق

die Erdbeere, -n
a strawberry

une fraise
تُوتُ الأَرْض

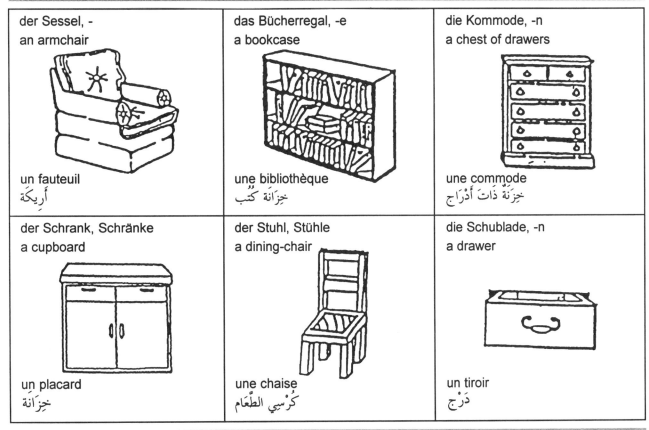

der Sessel, -
an armchair

un fauteuil
أَرِيكَة

das Bücherregal, -e
a bookcase

une bibliothèque
خِزَانة كُتُب

die Kommode, -n
a chest of drawers

une commode
خِزَنَةٌ ذاتَ أَدْرَاج

der Schrank, Schränke
a cupboard

un placard
خِزَانة

der Stuhl, Stühle
a dining-chair

une chaise
كُرْسِي الطَّعَام

die Schublade, -n
a drawer

un tiroir
دَرَج

der Frisiertisch, -e
a dressing-table

une coiffeuse
مِزْيَنة

der Schaukelstuhl, -stühle
a rocking-chair

un fauteuil à bascule
كُرْسِي هَزَّاز

das Sofa, -s
a settee

un canapé
دِيوَان

das Büfett, -s
a sideboard

un buffet
بُوفِيَة

der Tisch, -e
a table

une table
طَاوُلَة

der Kleiderschrank, -schränke
a wardrobe

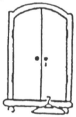

une armoire
خَزَّانَةُ الْمَلاَبْس

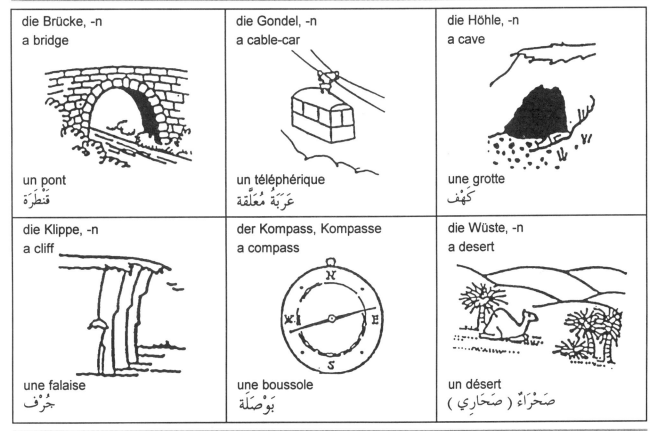

die Brücke, -n
a bridge
un pont
قَنْطَرَة

die Gondel, -n
a cable-car
un téléphérique
عَرَبَة مُعَلَّقة

die Höhle, -n
a cave
une grotte
كَهْف

die Klippe, -n
a cliff
une falaise
جُرُف

der Kompass, Kompasse
a compass
une boussole
بَوْصَلَة

die Wüste, -n
a desert
un désert
صَحْرَاء (صَحَارِي)

die Erde the earth  la terre أَرْض	der Osten east  l'est شَرْق	die Sonnenfinsternis, -se an eclipse  une éclipse كُسُوف
die Insel, -n an island  une île جَزِيرَة	die Schleuse, -n a lock (canal)  une écluse هَوِيسُ الْقَنَاة	der Mond the moon  la lune هِلَال

der Berg, -e
a mountain

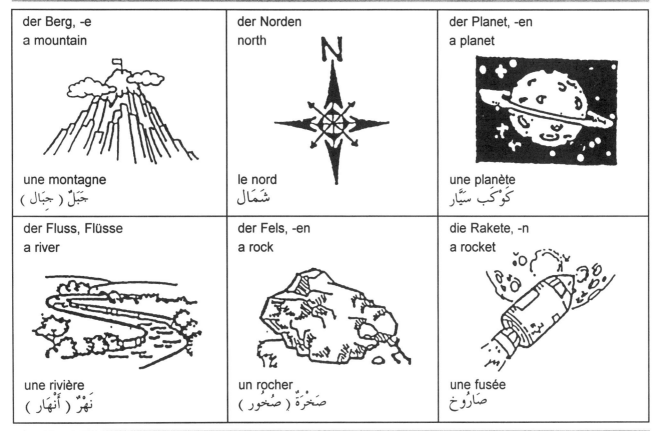

une montagne
جَبَلٌ (جِبَال)

der Norden
north

le nord
شَمَال

der Planet, -en
a planet

une planète
كَوْكَب سَيَّار

der Fluss, Flüsse
a river

une rivière
نَهْرٌ (أَنْهَار)

der Fels, -en
a rock

un rocher
صَخْرَةٌ (صُخُور)

die Rakete, -n
a rocket

une fusée
صَارُوخ

der Satellit, -en
a satellite

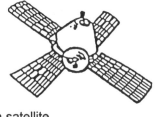

un satellite
قَمَرٌ اصْطِنَاعِي

der Süden
south

le sud
جَنوب

der Weltraum
space

l'espace
الْفَضَاء

der Stern, -e
a star

une étoile
نَجْمَةٌ (نُجُوم)

die Sonne
the sun

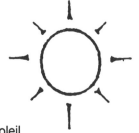

le soleil
شَمْس

der Westen
west

l'ouest
غَرْب

Häuser — Homes

der Wohnblock, -blöcke
a block of flats

un immeuble
عِمَارَة

der Bungalow, -s
a bungalow

un bungalow
بَنْغَل

die Burg, -en
a castle

un château
قَلْعَة

das Chalet, -s
a chalet

un chalet
شَالِيه

das Häuschen, -
a cottage

une maisonnette
كُوخ (أَكْوَاخ)

das Bauernhaus, -häuser
a farmhouse

une maison de ferme
بَيْتُ الْمَزْرَعَة

Maisons — منازل

das Haus, Häuser

a house

une maison

مَنْزِل

das Hausboot, -e

a houseboat

un bateau-maison

مَرْكَبُ الْمَنْزِل

der Iglu, -s

an igloo

un igloo

كُوخٌ جَلِيدِي

das Schloss, Schlösser

a palace

un palais

قَصْر

das Reihenhaus, -häuser

terraced houses

une maison de ville

صَفُّ مَنَازِل

der Wigwam, -s

a wigwam (teepee)

un wigwam

وَغَم: كُوخٌ مُسْتَدِير

das Alphabet, -e
an alphabet

un alphabet
أَبْجَدِيَّة

der Atlas, Atlanten
an atlas

un atlas
أَطْلَس

die Glocke, -n
a bell

une clochette
جَرَس

die Tafel, -n
a blackboard

un tableau noir
سَبُّورَة

die Kreide, -n
chalk

une craie
طَبَاشِير

das Kind, -er
child, children

un enfant
طِفْلٌ، أَطْفَال

das Komma, Kommata

a comma

une virgule

فَاصِلَة

der Zirkel, -

a pair of compasses

un compas

بِرْكَار

der Wachsmalstift, -e

a crayon

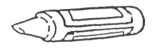

un pastel

قَلَمُ الرَّصَاص

die Zeichnung, -en

a drawing

un dessin

رَسْم

die Staffelei, -en

an easel

un chevalet

حَامِلُ الرَّسْم

das Schulheft, -e

an exercise-book

un cahier

دَفْتَرُ التَّمَارِين

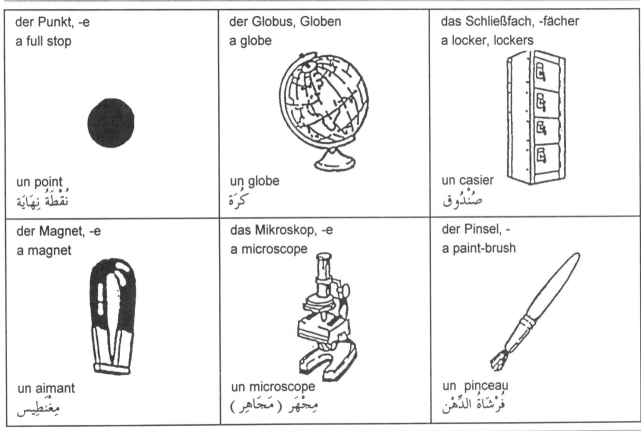

der Punkt, -e
a full stop

un point
نُقْطَةُ نِهَايَة

der Globus, Globen
a globe

un globe
كُرَة

das Schließfach, -fächer
a locker, lockers

un casier
صُنْدُوق

der Magnet, -e
a magnet

un aimant
مِغْنَطِيس

das Mikroskop, -e
a microscope

un microscope
مِجْهَر (مَجَاهِر)

der Pinsel, -
a paint-brush

un pinceau
فُرْشَاةُ الدِّهْن

der Haken, -
a peg

une patère
مِعْلاق (مَعَاليق)

der Füllhalter, -
a pen

un stylo
قَلَم

der Bleistift, -e
a pencil

un crayon
قَلَمُ الرَّصَاص

das Taschenmesser, -
a penknife (penknives)

un canif
سِكِّينُ الْجَيْب

der Winkelmesser, -
a protractor

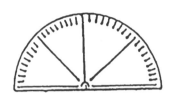

un rapporteur
مِنْقَلَة

das Fragezeichen, -
a question-mark

un point d'interrogation
عَلَامَةَ اسْتِفْهَام

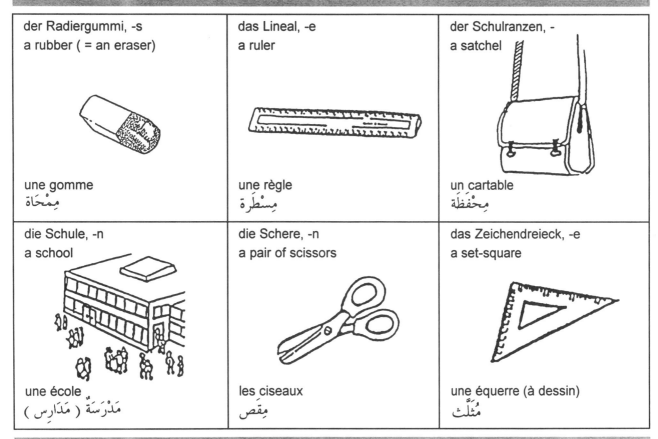

der Radiergummi, -s
a rubber (= an eraser)

une gomme
مِمْحَاة

das Lineal, -e
a ruler

une règle
مِسْطَرة

der Schulranzen, -
a satchel

un cartable
مِحْفَظَة

die Schule, -n
a school

une école
مَدْرَسَةٌ (مَدَارِس)

die Schere, -n
a pair of scissors

les ciseaux
مِقَص

das Zeichendreieck, -e
a set-square

une équerre (à dessin)
مُثَلَّث

die Stoppuhr, -en

a stop-watch

un chronomètre

سَاعَةُ التَّوْقِيت

---

die Schnur, Schnüre

a piece of string

une ficelle

خِيط

---

die Rechenaufgabe, -n

a sum

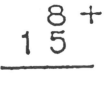

le calcul

جَمْع

---

das Reagenzglas, -gläser

a test-tube

une éprouvette

أُنْبُوبُ الإِخْتِبَار

---

das Lehrbuch, -bücher

a textbook

un manuel

كِتابٌ مَدْرِسِي

---

der Zwilling, -e

a twin, twins

un jumeau (-x)/une jumelle (-s)

تَوْأَم

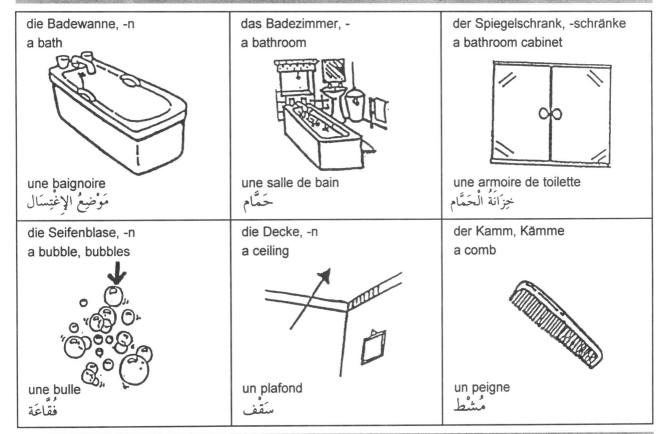

die Badewanne, -n
a bath
une baignoire
مَوْضِعُ الإِغْتِسَال

das Badezimmer, -
a bathroom
une salle de bain
حَمَّام

der Spiegelschrank, -schränke
a bathroom cabinet
une armoire de toilette
خِزَانَةُ الْحَمَّام

die Seifenblase, -n
a bubble, bubbles
une bulle
فُقَّاعَة

die Decke, -n
a ceiling
un plafond
سَقْف

der Kamm, Kämme
a comb
un peigne
مُشْط

die Tür, -en

a door

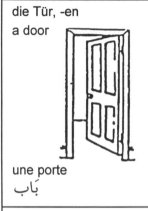

une porte

بَاب

der Rasierapparat, -e

an electric shaver

un rasoir électrique

مِحْلاَقٌ كَهْرَبَائِي

die Haarbürste, -n

a hairbrush

une brosse à cheveux

فُرْشَاةُ الشَّعْر

der Spiegel, -

a mirror

un miroir

مِرْآة

das Rasiermesser, -

a razor

un rasoir

مِحْلاَق

die Gummiente, -n

a rubber duck

un canard en caoutchouc

بَطَّةٌ مِنَ اللَّدَائِن

Dans la Salle de Bains   في الحمام

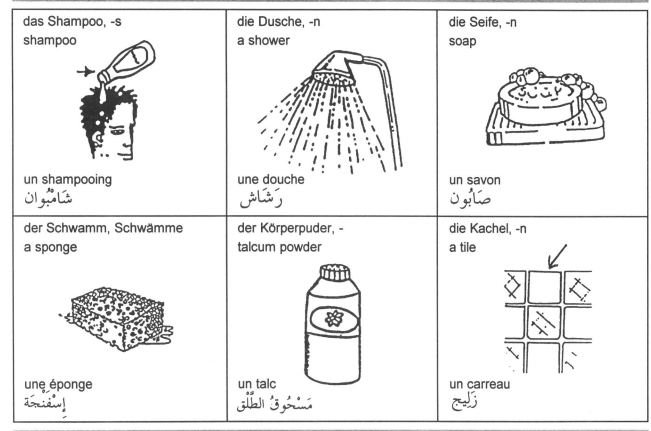

das Shampoo, -s
shampoo

un shampooing
شَامْبُوان

die Dusche, -n
a shower

une douche
رَشَاش

die Seife, -n
soap

un savon
صَابُون

der Schwamm, Schwämme
a sponge

une éponge
إِسْفَنْجَة

der Körperpuder, -
talcum powder

un talc
مَسْحُوقُ الطَّلْق

die Kachel, -n
a tile

un carreau
زَلِيج

die Toilette, -n
a toilet

une cuvette de w.-c.
مِرْحَاضٌ (مَرَاحِيض)

das Toilettenpapier, -e
a toilet-roll

le papier hygiénique
وَرَقُ الْمِرْحَاض

die Zahnbürste, -n
a toothbrush

une brosse à dents
فُرْشَاةُ الْأَسْنَان

die Zahnpasta, -pasten
toothpaste

un tube de dentifrice
مَعْجُونُ الْأَسْنَان

das Handtuch, -tücher
a towel

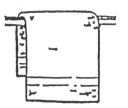

une serviette de toilette
مِنْشَفَة

das Waschbecken, -
a wash-basin

un lavabo
حَوْضُ الْغَسْل

der Wecker, - an alarm-clock 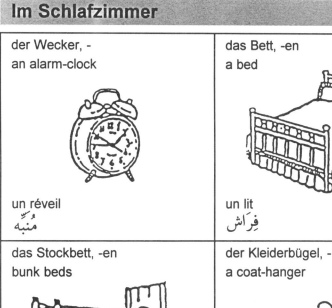 un réveil مُنَبِّه	das Bett, -en a bed  un lit فِرَاش	das Schlafzimmer, - a bedroom  une chambre à coucher حُجْرَةُ النَّوْم
das Stockbett, -en bunk beds  des lits superposés سَرِيرٌ المَبِيت	der Kleiderbügel, - a coat-hanger  un cintre مِعْلَقَة	das Federbett, -en a duvet 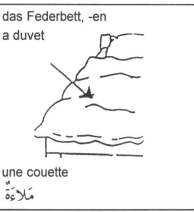 une couette مَلَاءَةٌ

der Föhn, -e
a hairdryer

un séchoir
مُجَفِّفُ الشَّعْر

die Nachttischlampe, -n
a bedside lamp

une lampe
مِصْباح

der Handspiegel, -
a mirror

un miroir à main
مِرآةُ يَد

das Kissen, -
a pillow

un oreiller
وِسَادَة

die Steppdecke, -n
a quilt

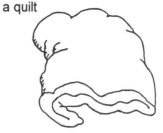

une couverture piquée
لِحَاف

das Betttuch, -tücher
a sheet

un drap
شَرْشَف (شَرَاشِف)

Dans la Chambre à Coucher   في حجرة النوم

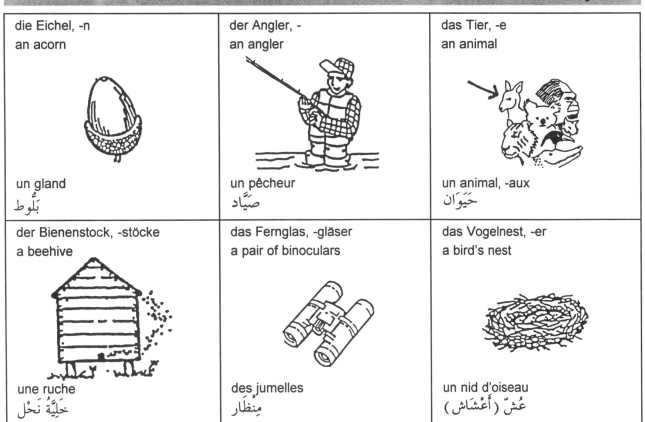

die Eichel, -n
an acorn

un gland
بَلُّوط

der Angler, -
an angler

un pêcheur
صَيَّاد

das Tier, -e
an animal

un animal, -aux
حَيَوَان

der Bienenstock, -stöcke
a beehive

une ruche
خَلِيَّةُ نَحْل

das Fernglas, -gläser
a pair of binoculars

des jumelles
مِنْظَار

das Vogelnest, -er
a bird's nest

un nid d'oiseau
عُشّ (أَعْشَاش)

der Schmetterling, -e a butterfly un papillon فَرَاشَة	das Schmetterlingsnetz, -e a butterfly net un filet à papillons شَبَكَةٌ لِصَيْدِ الفَرَاشَة	die Wolke, -n a cloud un nuage غَيْمَة (غُيُوم)
die Osterglocke, -n a daffodil une jonquille نَرْجِسُ كَاذِب	das Feld, -er a field un champ حَقْلٌ (حُقُول)	die Angelrute, -n a fishing-rod une canne à pêche صِنَّارَةُ صَيْد

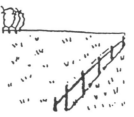

die Thermosflasche, -n
a vacuum flask

une bouteille Thermos
قَارُورَة تِيرْمُوس

der Wald, Wälder
a forest

une forêt
غَابَة

der Frosch, Frösche
a frog

une grenouille
ضِفْدَعَة (ضَفَادِع)

der Igel, -
a hedgehog

un hérisson
قُنْفُذ (قَنَافِذ)

der Wanderer, -
a hiker

un(e) excursionniste à pied
مُتَنَزِّهٌ عَلَى الْقَدَمَيْن

der Hügel, -
a hill

une colline
تِلٌّ (تِلَال)

der Heißluftballon, -e
a hot-air balloon

une montgolfière
مِنْطَاد

der See, -n
a lake

un lac
بُحَيْرَة

der Stamm, Stämme
a log

un tronçon
جِذْعُ الشَّجَرَة

der Zelthammer, -hämmer
a mallet

un maillet
مِطْرَقَة خَشَبِيَّة

der Maulwurf, -würfe
a mole

une taupe
خُلْد

der Bergsteiger, -
a mountaineer

un(e) alpiniste
جَبَلِي

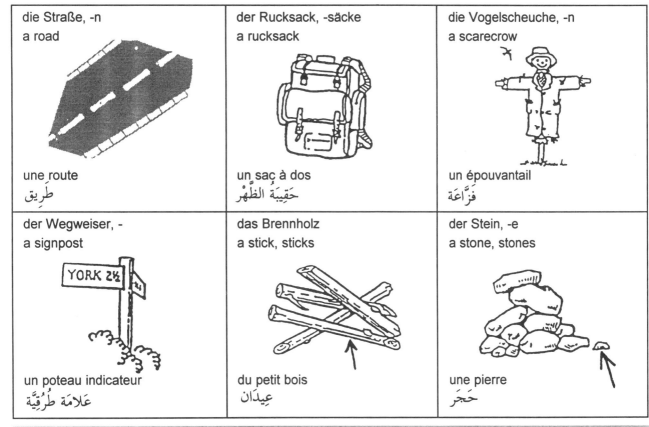

die Straße, -n
a road

une route

طَرِيق

der Rucksack, -säcke
a rucksack

un sac à dos

حَقِيبَة الظَّهْر

die Vogelscheuche, -n
a scarecrow

un épouvantail

فَزَّاعَة

der Wegweiser, -
a signpost

un poteau indicateur

عَلامَة طُرُقِيَّة

das Brennholz
a stick, sticks

du petit bois

عِيدَان

der Stein, -e
a stone, stones

une pierre

حَجَر

der Bach, Bäche
a stream

un ruisseau
جَدْوَل (جَدَاوِل)

das Zelt, -e
a tent

une tente
خَيْمَةٌ (خِيَام)

die Kröte, -n
a toad

un crapaud
ضِفْدَعٌ بَرِّي (ضَفَادِع)

der Fliegenpilz, -e
a toadstool

un champignon vénéneux
فُطُر سَامّ

das Dorf, Dörfer
a village

un village
قَرْيَة (قُرًى)

der Wasserfall, -fälle
a waterfall

une cascade
شَلَّال

der Trinkbecher, -
a mug

un gobelet
كَأْسٌ كَبِيرَة

die Tasse, -n
a cup

une tasse
فِنْجَان

der Eierbecher, -
an eggcup

un coquetier
كُوب

die Gabel, -n
a fork

une fourchette
شَوْكَةُ الطَّعَام

das Glas, Gläser
a glass

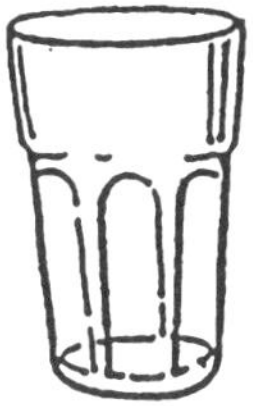

un verre
كَأْس

das Set, -s
a table mat

un set
رُقْعَةٌ وَاقِيَة

der Teller, -
a plate

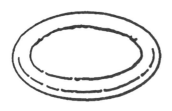

une assiette
صَحْن

die Untertasse, -n
a saucer

une soucoupe
صَحْنٌ مُقَعَّر

der Esslöffel, -
a spoon

une grande cuillère
مِلْعَقَة

die Tischdecke, -n
a tablecloth

une nappe
السِّمَّاط

die Teekanne, -n
a teapot

une théière
إِبْرِيقُ الشَّاي

der Teelöffel, -
a teaspoon

une petite cuillère
مِلْعَقَة شَاي

der Grill, -s
a barbecue

un barbecue
مِشْوَاة

das Fass, Fässer
a barrel

un baril
بِرْمِيلٌ (بَرَامِيل)

der Riegel, -
a bolt (for gate)

un verrou
لِسَانُ الْقُفْل

das Feuer, -
a bonfire

un feu de jardin
مَشْعَلَة

der Besen, -
a broom

un balai
مِكْنَسَة

die Zwiebel, -n
a bulb

un bulbe
جِذْرٌ بَصَلِي

der Busch, Büsche
a bush

un buisson
شُجَيْرَة

der Zaun, Zäune
a fence

une barrière
سِيَاج

die Blume, -n
a flower

une fleur
زَهْرَة

das Blumenbeet, -e
a flower-bed

un parterre
صَنْبَقُ الزُّهور

der Blumentopf, -töpfe
a flowerpot

un pot à fleurs
أَصِيص

der Garten, Gärten
a garden

un jardin
حَدِيقَة

das Tor, -e
a gate

une grille
بَوَّابَة خَارِجِيَة

das Gewächshaus, -häuser
a greenhouse

une serre
مُسْتَنْبَت زُجَاجِي

die Hecke, -n
a hedge

une haie
حَاجِز

der Schlauch, Schläuche
a hose

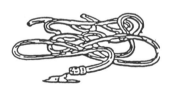

un tuyau, tuyaux
خُرْطُوم مِيَاه

die Hundehütte, -n
a kennel

une niche
وِجَارُ الْكَلْب

der Rasenmäher, -
a lawnmower

une tondeuse
جَزَّازَةُ الْعُشْب

das Blatt, Blätter
a leaf (leaves)

une feuille
وَرَقَة (أَوْرَاق)

die Pflanze, -n
a plant

une plante
نَبْتة

der Rechen, -
a rake

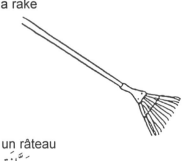

un râteau
جَرَّافة

die Rose, -n
a rose

une rose
وَرْدَة

der Abfalleimer, -
a rubbish bin

une poubelle
صُنْدُوقُ القِمَامَة

der Sack, Säcke
a sack

un sac
كِيس (أَكْيَاس)

der Samen, -n
a seed, seeds

une graine
حُبُوب

die Heckenschere, -n
a pair of shears

une cisaille
مِجَزَّة

der Schuppen, -
a shed

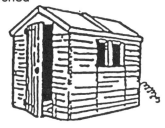

une remise
سَقِيفة

die Schaufel, -n
a shovel

une pelle
جَارُوف

die Nacktschnecke, -n
a slug

une limace
بَزَّاقَةُ عَرْيَانة

die Schnecke
a snail

un escargot
حَلَزُون

die Treppenstufe, -n
a step, steps

une marche
دَرَجَة (دَرَج)

die Pflanzkelle, -n
a trowel

un déplantoir
مَالِج

die Tulpe, -n
a tulip

une tulipe
زَهْرَةُ السَّوْسَنُ المُعَمَّم

die Gießkanne, -n
a watering-can

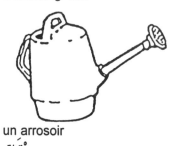

un arrosoir
مِسْقَاة

die Schubkarre, -n
a wheelbarrow

une brouette
عَرَبَةُ الْيَد

der Regenwurm, -würmer
a worm

un ver
دُودَةُ الأَرْض

der Krankenwagen, -
an ambulance

une ambulance
سَيَّارَةُ إِسْعَاف

der Säugling, -e
a baby

un bébé
رَضِيع

die Binde, -n
a bandage

un pansement
ضِمَادَة

der Knochen, -
a bone

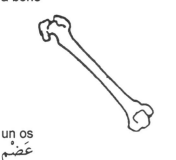

un os
عَضْم

das Kinderbett, -en
a cot

un lit d'enfant
مَهْد

die Watte
cotton-wool

du cotton hydrophile
قُطْنٌ طِبِّي

die Krücke, -n

a crutch

une béquille

عُكَّاز

die Maske, -n

a face mask

un masque

قِنَاعُ الْوَجْه

die Arznei, -en

medicine

un médicament

دَوَاء (أَدْوِيَة)

die Krankenschwester, -n

a nurse

une infirmière

مُمَرِّضَة

der Operationssaal, -säle

an operating theatre

une salle d'opération

قِسْمُ الْعَمَلِيَّاتِ الْجِرَاحِيَة

die Kapsel, -n

a pill

une gélule

حَبَّةُ دَوَاء

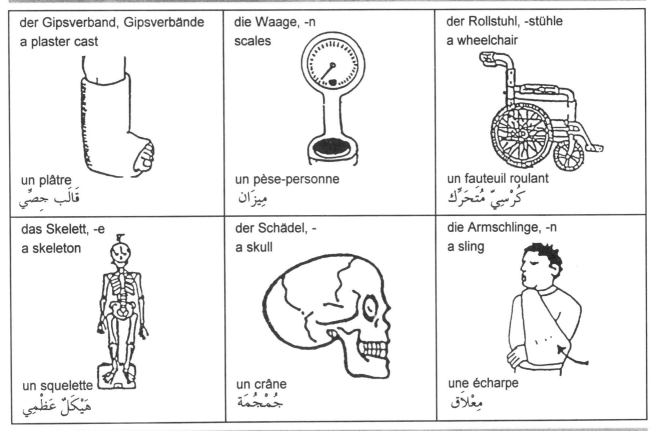

der Gipsverband, Gipsverbände
a plaster cast

un plâtre
قَالَب جِصِّي

die Waage, -n
scales

un pèse-personne
مِيزَان

der Rollstuhl, -stühle
a wheelchair

un fauteuil roulant
كُرْسِيّ مُتَحَرِّك

das Skelett, -e
a skeleton

un squelette
هَيْكَل عَظْمِي

der Schädel, -
a skull

un crâne
جُمْجُمَة

die Armschlinge, -n
a sling

une écharpe
مِعْلَاق

das Stethoskop, -e
a stethoscope

un stéthoscope

مِسْمَاع

der Chirurg, -e
a surgeon

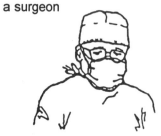

un chirurgien

جَرَّاح

die Spritze, -n
a syringe

une seringue

مِحْقَنة

die Tablette, -n
a tablet

un comprimé

قُرْصُ الدَّوَاء

das Thermometer, -
a thermometer

un thermomètre

مِحْرَار

das Krankenhausbett, -en
a hospital bed

un lit d'hôpital

سرير

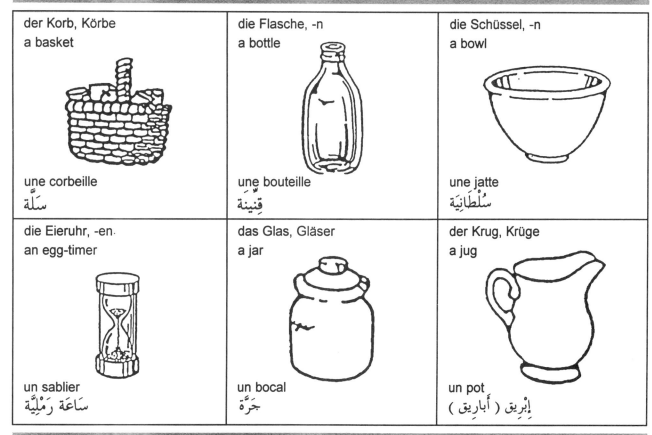

der Korb, Körbe
a basket

une corbeille
سَلَّة

die Flasche, -n
a bottle

une bouteille
قِنِّينة

die Schüssel, -n
a bowl

une jatte
سُلْطَانِيَة

die Eieruhr, -en
an egg-timer

un sablier
سَاعَة رَمْلِيَّة

das Glas, Gläser
a jar

un bocal
جَرَّة

der Krug, Krüge
a jug

un pot
إِبْريق (أَباريق)

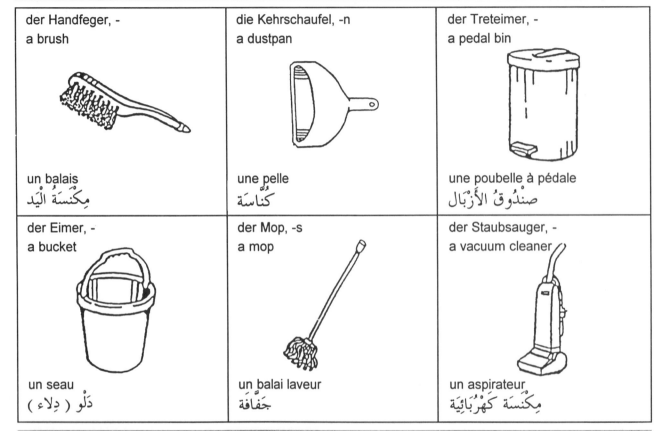

der Handfeger, -
a brush

un balais
مِكْنَسَةُ الْيَد

die Kehrschaufel, -n
a dustpan

une pelle
كُنَّاسَة

der Treteimer, -
a pedal bin

une poubelle à pédale
صنْدُوقُ الأَزْبَال

der Eimer, -
a bucket

un seau
دَلُو (دِلاء)

der Mop, -s
a mop

un balai laveur
جَفَّافَة

der Staubsauger, -
a vacuum cleaner

un aspirateur
مِكْنَسَة كَهْرُبَائِيَة

das Bügeleisen, -
an iron

un fer à repasser
مِكْوَاة

das Bügelbrett, -er
an ironing-board

une table à repasser
طَاوِلَةُ الْكَيّ

die Kuchendose, -n
a cake tin

une boîte à gâteau
عُلْبَةُ الْحَلَوِيَّات

die Dose, -n
a can

une boîte
عُلْبَة

der Büchsenöffner, -
a tin-opener

un ouvre-boîte
فَتَّاحَةُ الْعُلَب

der Wasserkessel, -
a kettle

une bouilloire
غَلاَّيَة

die Küche, -n a kitchen une cuisine مَطْبَخ	der Herd, -e a cooker une cuisinière آلَة الطَّبْخ	die Kochplatte, -n a hob (= element) une plaque مَوْقِد
der Topflappen, - a oven gloves 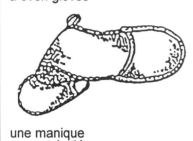une manique قُفَّازَةُ الْحَرَارَة	das Streichholz, -hölzer a match, matches 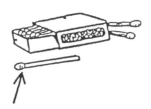une allumette عَوْدُ الثِّقاب	der Mikrowellenherd, -e a microwave oven 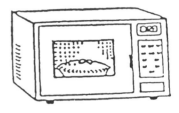un four à micro-ondes فُرْن كَهْرُمغْناطِيسي

der Kuskustopf, -töpfe
a couscous steamer

un couscoussier

كَسْكَاس

die Pfanne, -n
a frying-pan

une poêle

مِقْلاة

der Kochtopf, -töpfe
a saucepan

une casserole

طَنْجَرَة

der Schnellkochtopf, -töpfe
a pressure cooker

une cocotte minute

طَنْجَرَة ضَاغِطَة

der Kühlschrank, -schränke
a refrigerator

un frigo

ثَلاَّجَة

die Gefriertruhe, -n
a freezer

un congélateur

مُجَمِّدَة

der Toaster, -
a toaster

un grille-pain
مِحْمَصَةُ خُبْز

das Schneidebrett, -er
a breadboard

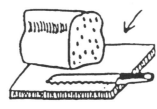

une planche à pain
لَوحة تَخْريط

das Messer, -
a knife

un couteau
سِكّين

die Küchenmaschine, -n
a food mixer

un robot ménager
خَلّاطَة

die Rührschüssel, -n
a mixing bowl

une jatte
صَحْفَة (صِحَاف)

der Schneebesen, -
a whisk

un fouet
مِخْفقة

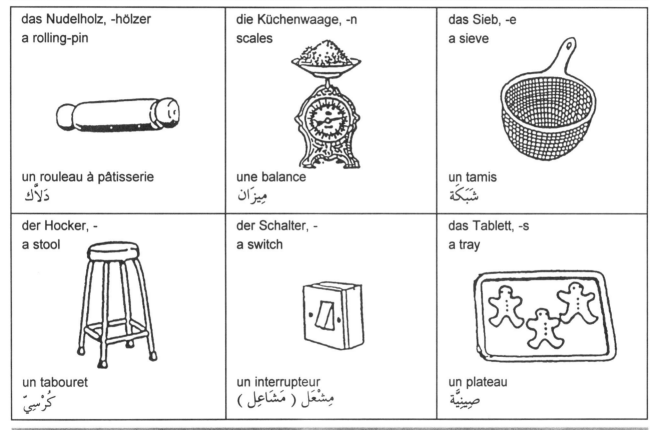

das Nudelholz, -hölzer
a rolling-pin

un rouleau à pâtisserie
دَلّاك

die Küchenwaage, -n
scales

une balance
مِيزَان

das Sieb, -e
a sieve

un tamis
شَبَكَة

der Hocker, -
a stool

un tabouret
كُرْسِيّ

der Schalter, -
a switch

un interrupteur
مِشْعَل (مَشَاعِل)

das Tablett, -s
a tray

un plateau
صِينِيَّة

das Spülbecken, -
a sink

un évier
حَوْضُ الْمَطْبَخ

der Wasserhahn, -hähne
a tap

un robinet
صُنْبُور (صَنَابِر)

das Geschirrspülmittel, -
washing-up liquid

du détergent vaisselle
سَائِلُ الْغَسِيل

das Geschirrtuch, -tücher
a tea towel

un torchon
مِنْشَفَة

die Spülmaschine, -n
a dish-washer

un lave-vaisselle
آلَةُ غَسْلِ الْأَوَانِي

die Waschmaschine, -n
a washing-machine

une machine à laver
آلَةُ التَّصْبِين

das Aquarium, Aquarien
an aquarium

un aquarium
مَسْمَك

der Blumenstrauß, -sträuße
a bunch of flowers

un bouquet de fleurs
بَاقَةُ زُهُور

der Kaktus, Kakteen
a cactus (cacti)

un cactus
صُبَّار

die Karte, -n
a card, cards

une carte
بِطَاقَة

der Teppich, -e
a carpet

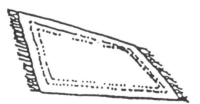

un tapis
زَرْبِيَّة (زَرَابِي)

das Schachspiel, -e
a chessboard

un échiquier
رُقْعَةُ الشَّطْرَنْج

die Uhr, -en
a clock

une pendule
سَاعَة

die Spinnwebe, -n
a cobweb

une toile d'araignée
نَسِيجُ الْعَنْكَبُوت

der Vorhang, -hänge
a curtain

un rideau
سِتَارَة

das Foto, -s
a photograph

une photographie
صُورَة

das Bild, -er
a picture

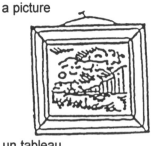

un tableau
لَوْحَة

der Schlüssel, -
a key

une clé
مِفْتَاح (مَفَاتِيح)

die Glühbirne, -n

a light bulb

une ampoule électrique

مِصْبَاح كَهْرَبَائِي

die Zeitschrift, -en

a magazine

un magazine

مَجَلَّة

die Zeitung, -en

a newspaper

un journal

جَرِيدَة (جَرَائِد)

der Brief, -e

a letter

une lettre

رِسَالَة (رَسَائِل)

die Postkarte, -n

a postcard

une carte postale

بِطَاقَة بَرِيدِيَة

die Briefmarke, -n

a stamp

un timbre

طَابَع البَرِيد (طَوَابِع)

der Heizkörper, -

a radiator

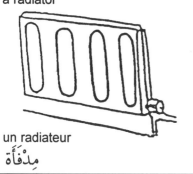

un radiateur

مِدْفَأَة

der kleine Teppich, -e

a rug

un petit tapis

سَجَادَة

die Nähmaschine, -n

a sewing-machine

une machine à coudre

آلَةُ الْخِيَاطَة

das Maßband, -bänder

a tape-measure

un mètre ruban

شَرِيطُ الْقِيَاس

die Trophäe, -n

a trophy

un trophée

جَائِزَة

die Blumenvase, -n

a vase

un vase

مِزْهَرِيَّة

der Fernseher, -
a television

un poste de télévision
تِلْفَاز

der Videorekorder, -
a video recorder

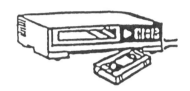

un magnétoscope
جِهَاز فِيدْيُو

die Hi-Fi-Anlage, -n
a hi-fi

une chaîne hi-fi
جِهَاز سِتِيرِيو

das Radio, -s
a radio

une radio
مِذْيَاع

die Jalousie, -n
a window blind

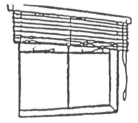

une jalousie
سِتَّارُ النَّافِذَة

der Blumenkasten, -kästen
a window-box

une jardinière
أُصِيصُ النَّافِذَة

der Schreibtisch, -e
a desk

un bureau
مَكْتَب (مَكَاتِب)

der Drehstuhl, -stühle
an office chair

une chaise tournante
كُرْسِيُّ الْمَكْتَب

der Computer, -
a computer

un ordinateur
حَاسُوب

die Tastatur, -en
a keyboard

un clavier
لَوْحَةُ الْأَزْرَار

die Maus, Mäuse
a mouse

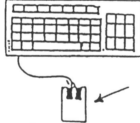

une souris
فَأْرَةُ الْحَاسُوب

die Diskette, -n
a disc

un disque
قُرْصُ الْحَاسُوب

die Schreibmaschine, -n
a typewriter

une machine à écrire
آلَة الْكِتَابَة

das Telefon, -e
a telephone

un téléphone
هَاتِف (هَوَاتِف)

das Faxgerät, -e
a fax machine

un télécopieur
نَاسِخَة عَنْ بُعْد، فَاكْس

das Hängeregister, -
a file

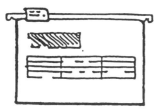

un dossier suspendu
مِلَف

die Aktentasche, -n
a brief-case

une serviette
مِحْفَظَة

der Taschenrechner, -
a calculator

une calculatrice
آلَة حَاسِبَة لَوْحَةُ الْمَفَاتِيح

der Kalender, -
a calendar

un calendrier

يَوْمِيَّة

die Kladde, -n
a chart

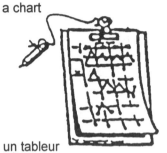

un tableur

بَيَانة

das Papier, -e
paper

du papier

وَرَق

die Büroklammer, -n
a paper-clip

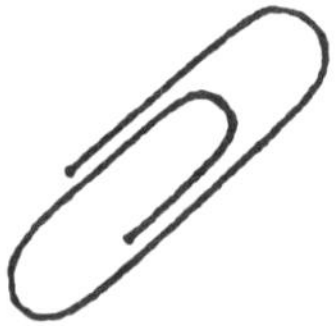

un trombone

مِشْبَكُ الأوْرَاق

der Reißnagel, -nägel
a drawing-pin

une punaise

مِسْمَار (مَسَامِير)

das Notizbuch, -bücher
a notebook

un carnet

مُذَكِّرَة

die Heftmaschine, -n
a stapler

une agrafeuse
دَبَّاسَة

der Klebstoff, -e
glue

une colle
غِرَاء

der Briefumschlag, -umschläge
an envelope

une enveloppe
ظرْف (أَظْرِفة)

das Paket, -e
a parcel

un colis
رِزْمَة (رِزَم)

der Safe, -s
a safe

un coffre-fort
خَزِينَة فُولاَذِيَّة

der Papierkorb, -körbe
a wastepaper bin

une corbeille à papiers
سَلَّةُ الْمُهْمَلات

104 Im Park — In the Park

der Luftballon, -s
a balloon

un ballon
نَفّاخَة

die Bank, Bänke
a bench

un banc
مَقْعَد (مَقاعِد)

klettern
to climb

monter
تَسَلَّق

der Springbrunnen, -
a fountain

une fontaine
نافُورَة

der Jogger, -
a jogger

un passionné de jogging
عَدّاء

das Planschbecken, -
a paddling pool

un bassin pour enfants
بِرْكَة أَطْفال

Au Parc — في المتنزه

der Park, -s
a park

un parc
مُتَنَزَّه

der Weg, -e
a path

un sentier
مَمَرّ

das Picknick, -s
a picnic

un pique-nique
نُزْهَة

der Teich, -e
a pond

un étang
بِرْكة (بِرَك)

die Pfütze, -n
a puddle

une flaque d´eau
نُقْرَة مَاء

der Zaun, Zäune
a railing

une clôture
سِيَاج

das Karussell, -s
a roundabout

un manège
دَوَّارَة

der Sandkasten, -kästen
a sandpit

un tas de sable
كُتْلَةٌ رَمْلِيَة

die Wippe, -n
a seesaw

une bascule
أَرْجُوحَة

das Schild, -er
a sign

un poteau de signalisation
عَلاَمَة

der Eisläufer, -
a skater

un patineur
مُتَزَلِّج

die Rutschbahn, -en
a slide

un toboggan
زُحْلُوقَةُ الأَطْفَال

Au Parc — في المتنزه

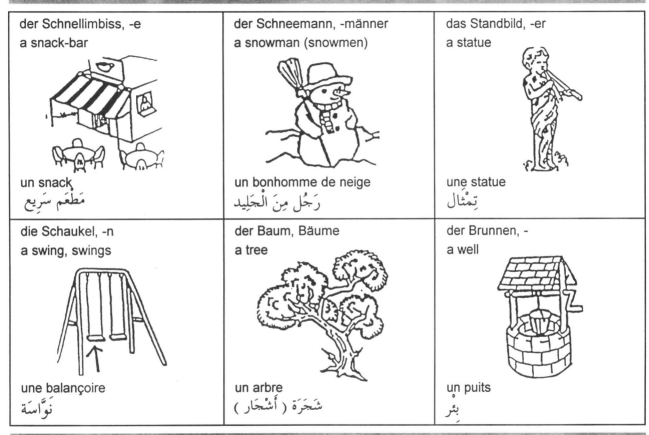

der Schnellimbiss, -e
a snack-bar

un snack
مَطْعَم سَرِيع

der Schneemann, -männer
a snowman (snowmen)

un bonhomme de neige
رَجُل مِنَ الْجَلِيد

das Standbild, -er
a statue

une statue
تِمْثَال

die Schaukel, -n
a swing, swings

une balançoire
نَوَّاسَة

der Baum, Bäume
a tree

un arbre
شَجَرَة (أَشْجَار)

der Brunnen, -
a well

un puits
بِئر

das Fahrrad, -räder
a bicycle

un vélo
دَرَّاجَة هَوَائِيَة

der Blumenstrauß, -sträuße
a bouquet

un bouquet
بَاقَةُ أَزْهَار

der Junge, -n
a boy

un garçon
طِفْل (أَطْفَال)

der Abschleppwagen, -
a breakdown lorry

une dépanneuse
شَاحِنَةُ إِصْلَاح

die Braut, Bräute
a bride

une mariée
عَرُوس

der Bräutigam, -e
a bridegroom

un marié
عَرِيس

der Bus, Busse

a bus

un bus

حَافِلَة

die Bushaltestelle, -n

a bus-stop

un arrêt de bus

مَوْقِفُ الْحَافِلَات

der Fotoapparat, -e

a camera

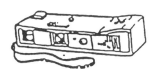

un appareil-photo

مُصَوِّرَة

das Kino, -s

a cinema

un cinéma

سِينمَا

der Autounfall, -unfälle

a crash

un accident

حَادِثَة

das Mädchen, -

a girl

une fille

بِنْت

der Reifen, -

a hoop

un cerceau

طُوق

die Bordkante, -n

a kerb

une bordure du trottoir

حَدُّ الإفْرِيز

der Laternenpfahl, -pfähle

a lamppost

un réverbère

عَمُود المِصْبَاح

der Kanalschacht, -schächte

a manhole

un regard dégout

بِئْرُ المَجَارِي

der Bürgersteig, -e

a pavement

un trottoir

رَصِيف (أَرْصِفَة)

die Zapfsäule, -n

a petrol pump

une pompe d'essence

مَحَطَّةُ البِنْزِين

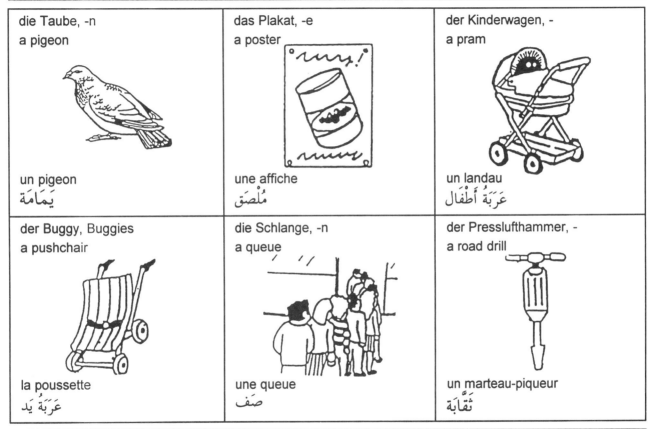

die Taube, -n
a pigeon

un pigeon
يَمَامَة

das Plakat, -e
a poster

une affiche
مُلْصَق

der Kinderwagen, -
a pram

un landau
عَرَبَةُ أَطْفَال

der Buggy, Buggies
a pushchair

la poussette
عَرَبَةُ يَد

die Schlange, -n
a queue

une queue
صَف

der Presslufthammer, -
a road drill

un marteau-piqueur
ثَقَّابَة

der Rollschuh, -e

a roller-skate, roller-skates

des patins à roulettes

حِذَاء التَّزَلُّج

der Motorroller, -

a scooter

un scooter

دَرَّاجَة نارِيَّة

der Laden, Läden

a shop

un magasin

دُكَّان

die Straße, -n

a street

une rue

شَارِع (شَوَارِع)

der Supermarkt, -märkte

a supermarket

un supermarché

سُوق مُمْتاز

das Taxi, -s

a taxi

un taxi

سَيَّارَةُ أُجْرَة

die Telefonzelle, -n

a telephone box

une cabine téléphonique

مَخْدَع هَاتِفِي

der Spielzeugladen, -läden

a toyshop

un magasin de jouets

مَتْجَرُ اللُّعَب

der Warnkegel, -

a traffic cone

une borne

عَلاَمَةُ المُرُور

die Ampel, -n

traffic-lights

un feu rouge

أَضْوَاءُ الإِشَارَة

der Einkaufswagen, -

a trolley

un chariot

عَرَبَة نَقَّالَة

der Lieferwagen, -

a van

une camionnette

شَاحِنَة مُقْفَلَة

die Axt, Äxte

an axe

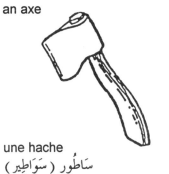

une hache

سَاطُور (سَوَاطِير)

die Schraube, -n

a bolt

le boulon

مِسْمار لَوْلَبِي

die Mutter, -n

a nut

un écrou

صَمُولَة (صَوَامِل)

der Meißel, -

a chisel

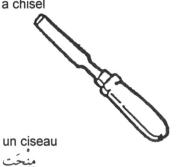

un ciseau

مِنْحَت

die Bohrmaschine, -n

a drill

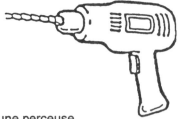

une perceuse

مِثْقَب (مَثَاقِب)

die Feile, -n

a file

une lime

مِبْرَد (مَبَارِد)

die Fußpumpe, -n
a foot-pump

une pompe à pied
مِنفَاخ (مَنافِيخ)

der Hammer, Hämmer
a hammer

un marteau
مِطرَقة (مَطارِق)

der Nagel, Nägel
a nail

un clou
مِسْمَار (مَسَامِير)

die Zange, -n
a pair of pliers

une pince
مِلقَط (مَلاقِط)

das Öl, -e
oil

de l'huile (f)
زَيْت (زُيُوت)

der Farbtopf, -töpfe
a paintpot

un pot de peinture
عُلْبةُ الصِّبَاغة

der Hobel, -
a plane

un rabot
مِسْحَج (مَسَاحِج)

das Sandpapier, -e
sandpaper

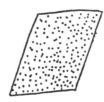

du papier de verre
وَرَق خَشِن

die Säge, -n
a saw

une scie
مِنْشَار

die Motorsäge, -n
a chainsaw

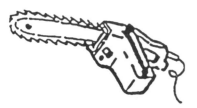

la tronçonneuse
مِنْشَار آلِي

die Schraube, -n
a screw

une vis
لَوْلَب

der Schraubenzieher, -
a screwdriver

un tournevis
مِفَكّ

der Schraubenschlüssel, - a spanner  une clé à écrous مِفْتاحُ صَمُولَة	der Reißnagel, -nägel a tack une punaise دَبُّوس (دَبابِيس)	der Werkzeugkasten, -kästen a toolbox  une boîte à outils صُندوقُ الأَدَوَات
der Schraubstock, -stöcke a vice  un étau مَنْجَلَة (مَناجِل)	die Werkbank, -bänke a workbench 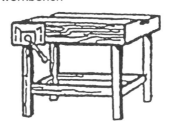 un établi مِنْضَدَة (مَناضِد)	die Feststellzange, -n a wrench  une pince américaine كَمّاشَة حَابِسَة

die Ameise, -n
an ant

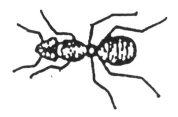

une fourmi
نَمْلَةٌ (نَمْل)

die Biene, -n
a bee

une abeille
نَحْلَةٌ (نَحْل)

der Käfer, -
a beetle

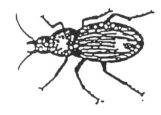

un coléoptère
خُنْفُسَاء (خَنَافِس)

die Raupe, -n
a caterpillar

une chenille
يَسْرُوع (يَسَارِيع)

die Küchenschabe, -n
a cockroach

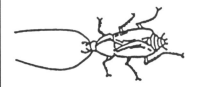

un cafard
صُرْصُور (صَرَاصِير)

die Fliege, -n
a fly

une mouche
ذُبَابَة (ذُبَاب)

das Insekt, -en
an insect, insects

un insecte
حَشَرَة

der Marienkäfer, -
a ladybird

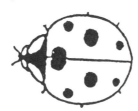

une coccinelle
دُعْسُوقَة

die Gottesanbeterin, -nen
a prayingmantis

une mante religieuse
سُرْعُوف

die Mücke, -n
a mosquito

un moustique
بَعُوضَة

die Motte, -n
a moth

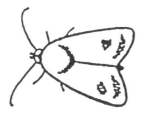

une mite
عُثَّة

die Wespe, -n
a wasp

une guêpe
دبُّور (دَبابِير)

die Trommel, -n
a drum

un tambour
طَبْل (طُبُول)

die Gitarre, -n
a guitar

une guitare
قِيثَارَة (قَيَاثِير)

die Harfe, -n
a harp

une harpe
جُنْك (جُنُوك)

die Mundharmonika, -s
a mouth organ

un harmonica
هَرْمُونِيكَا

der Flügel, -
a piano

un piano à queue
بِيَانو (بِيَانوهَات)

die Flöte, -n
a recorder

une flûte à bec
ناي (نَايَات)

das Saxophon, -e
a saxophone

un saxophone
سَكْسِيَة

das Tamburin, -e
a tambourine

un tambourin
دَفّ (دُفُوف)

die Posaune, -n
a trombone

un trombone
بُوقُ التَّرَدُّد

die Trompete, -n
a trumpet

une trompette
بُوق (أَبْوَاق)

die Geige, -n
a violin

un violon
كَمَان

das Xylophon, -e
a xylophone

un xylophone
خشَبِيَة

eins
one

1

un
وَاحِد

zwei
two

2

deux
اِثْنان

drei
three

3

trois
ثَلاثَة

vier
four

4

quatre
أَرْبَعَة

fünf
five

5

cinq
خَمْسَة

sechs
six

6

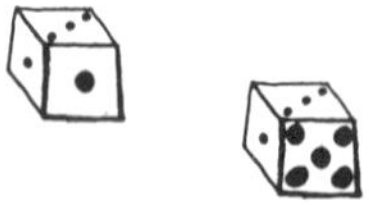

six
سِتَّة

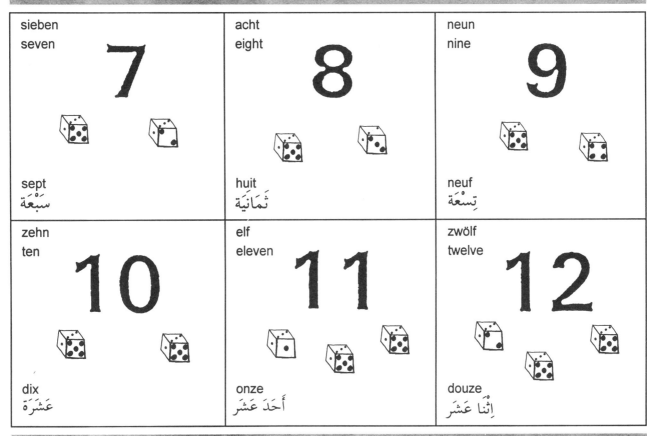

sieben
seven

7

sept
سَبْعَة

acht
eight

8

huit
ثَمَانِية

neun
nine

9

neuf
تِسْعَة

zehn
ten

10

dix
عَشَرَة

elf
eleven

11

onze
أَحَدَ عَشَر

zwölf
twelve

12

douze
اِثْنَا عَشَر

dreizehn

thirteen

13

treize

ثَلَاثَةَ عَشَر

vierzehn

fourteen

14

quatorze

أَرْبَعَةَ عَشَر

fünfzehn

fifteen

15

quinze

خَمْسَةَ عَشَر

sechzehn

sixteen

16

seize

سِتَّةَ عَشَر

siebzehn

seventeen

17

dix-sept

سَبْعَةَ عَشَر

achtzehn

eighteen

18

dix-huit

ثَمَانِيَةَ عَشَر

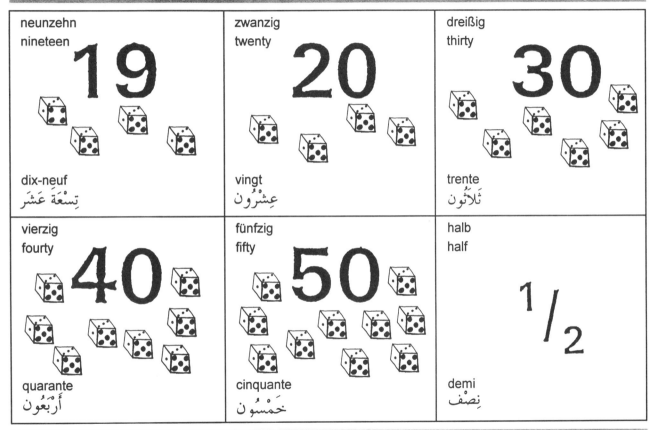

neunzehn
nineteen
19
dix-neuf
تِسْعَةَ عَشَر

zwanzig
twenty
20
vingt
عِشْرُون

dreißig
thirty
30
trente
ثَلاثُون

vierzig
fourty
40
quarante
أَرْبَعُون

fünfzig
fifty
50
cinquante
خَمْسُون

halb
half
1/2
demi
نِصْف

der Schauspieler, -
an actor

un acteur
مُمَثِّل

die Stewardess, -en
an air-hostess

une hôtesse de l'air
مُضِيفَةُ الطَّائِرَة

der Kunstmaler
an artist

un(e) artiste
فَنَّان

der Astronaut, -en
an astronaut

un(e) astronaute
رَائِدُ الْفَضَاء

der Athlet, -en
an athlete

un(e) athlète
رِيَّاضِي

der Bäcker, -
a baker

un boulanger
خَبَّاز

der Maurer, -
a bricklayer

un maçon
بَنَّاء

der Straßenmusikant, -en
a busker

un cabotin
عَازِف مُتَجَوِّل

der Metzger, -
a butcher

un boucher
جَزَّار

der Tischler, -
a carpenter

un charpentier
نجَّار

die Kassiererin, -nen
a cashier

un caissier
صَرَّافَة

der Clown, -s
a clown

un clown
بَهْلَوَان

Berufe | Occupations

der Datentypist, -en
a computer operator

un informaticien
كَاتِب إِعْلامِي

der Dirigent, -en
a conductor (music)

un chef d'orchestre
قَائِد مُوسِيقِي

der Koch, Köche
a cook

un cuisinier
طَبَّاخ

der Cowboy, -s
a cowboy

un cow-boy
رَاعِي الْبَقَر

die Tänzerin, -nen
a dancer

une danseuse
رَاقِصَة

der Tapezierer, -
a decorator

un décorateur
مُزَيِّن

Métiers | مهن

der Tiefseetaucher, -
a deep-sea diver

un sous-marin
غَوَّاص

der Lieferbote, -n
a delivery man (delivery men)

un livreur
مُوَزِّع

der Zahnarzt, -ärzte
a dentist

un dentiste
طَبِيبُ الأَسْنَان

der Arzt, Ärzte
a doctor

un médecin
طَبِيب

der Elektriker, -
an electrician

un électricien
كَهْرَبَائِي

der Lokomotivführer, -
an engine-driver

un mécanicien
سَائِقُ القَاطِرَة

der Feuerwehrmann, -männer
a fire-fighter

un pompier
إِطْفائِي

der Fischer, -
a fisherman (fishermen)

un pêcheur
صَيَّادٌ

der Fußballspieler, -
a footballer

un joueur de football
لاَعِبُ كُرَةِ الْقَدَم

der Froschmann, -männer
a frogman (frogmen)

un homme-grenouille
رَجُل ضِفْدَع

der Golfspieler, -
a golfer

un joueur de golf
لاَعِبُ الْغُولْف

der Krämer, -
a grocer

un épicier
بَقَّال

der Friseur, -e
a hairdresser

un coiffeur

حَلَّاق

der Jockey, -s
a jockey

un jockey

جُوكِي

der Richter, -
a judge

un juge

قَاضٍ (قُضَاة)

der Jongleur, -e
a juggler

un jongleur

لَاعِب خِفَّة

der Holzfäller, -
a lumberjack

un bûcheron

خَشَّاب

der Mechaniker, -
a mechanic

un mécanicien

مِيكَانِيكِي

der Bergarbeiter, -
a miner

un mineur
مَنجَمِي

der Optiker, -
an optician

un(e) opticien(ne)
نظَّارَاتِي

der Pilot, -en
a pilot

un pilote
رُبَانُ الطَّائِرَة

der Klempner, -
a plumber

un plombier
رَصَّاص

die Polizistin, -nen
a policewoman (policewomen)

une femme-agent
شُرْطِيَّة

der Briefträger, -
a postman (postmen)

un facteur
سَاعِي الْبَرِيد

der Müllmann, -männer
a refuse collector

un éboueur
جَامِعُ الأَزْبَال

der Matrose, -n
a sailor

un marin
بَحَّار

der Naturwissenschaftler, -
a scientist

un(e) scientifique
عَالِم

der Sänger, -
a singer

un chanteur
مُغَنِّي

der Soldat, -en
a soldier

un soldat
جُنْدِي

der Turmarbeiter, -
a steeplejack

un réparateur de clochers
مُصْلِحُ المَدَاخِن

der Taxifahrer, -
a taxi-driver

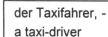

un chauffeur de taxi
سَائِقُ الطَّاكْسِي

der Schaffner, -
a ticket-collector

un contrôleur
مُرَاقِب

die Sekretärin, -nen
a typist

un(e) dactylo
كَاتِبَة

der Kellner, -
a waiter

un garçon
نادِل

der Schweißer, -
a welder

un soudeur
لَحَّام

der Arbeiter, -
a workman (workmen)

un ouvrier
عَامِل

der Backstein, -e
a brick

une brique
آجُرَة

der Zementmischer, -
a cement mixer

une bétonnière
خَلاَّطَةُ الْخَرَسَانَة

der Kran, Kräne
a crane

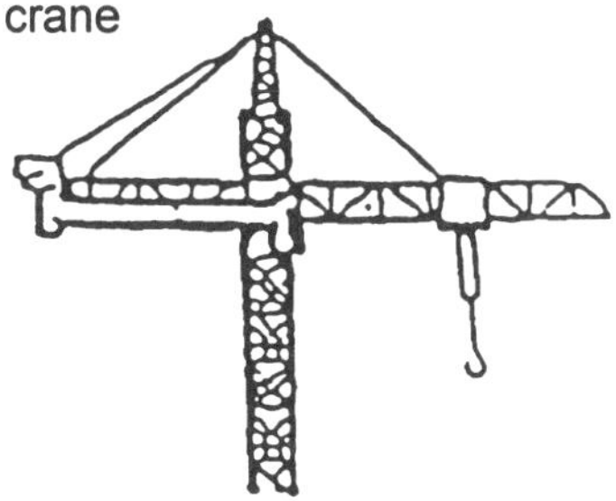

une grue
رَافِعَة

der Bagger, -
a digger

une pelle mécanique
جَرَّافَة

der Muldenkipper, -
a dumper truck

un déchargeur
عَرَبَة قَلاَّبَة

der Gabelstapler, -
a fork-lift truck

un chariot élévateur
رَافِعَة نَقْلِيَّة

der Schutzhelm, -e

a hard hat

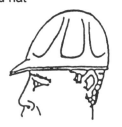

un casque

خُوذَة (خُوَذ)

die Leiter, -n

a ladder

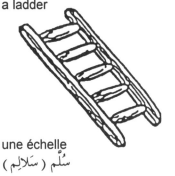

une échelle

سُلَّم (سَلالِم)

der Pinsel, -

a paint-brush

un pinceau

فُرْشَاةُ الصِّباغَة

die Spitzhacke, -n

a pick

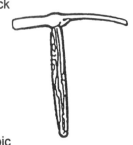

un pic

مِعْوَل (مَعَاوِل)

die Bohle, -n

a plank

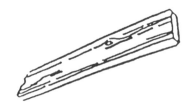

une planche

لَوْحُ خَشَب

das Baugerüst, -e

a scaffolding

un échafaudage

سَرِيرُ البِناء (أَسِرَّة)

die Ziege, -n
a goat

une chèvre
مَعْزَة (مَعِيز)

der Stier, -e
a bull

un taureau
ثَوْر (ثِيرَان)

das Kalb, Kälber
a calf (calves)

un veau
عِجْل (عُجُول)

die Kuh, Kühe
a cow

une vache
بَقَرَة

der Kuhstall, -ställe
a cowshed

une étable
حَظِيرَةُ الْبَقَر

der Milchwagen, -
a milk tanker

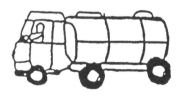

une citerne à lait
نَاقِلَةُ الْحَلِيب

die Ente, -n
a duck

un canard
بَطَّة

die Gans, Gänse
a goose (geese)

une oie
إِوَزَّة

das Küken, -
a chick

un poussin
كَتْكُوت (كَتاكِيت)

das Hähnchen
a chicken

un poulet
فَرُّوج (فَرَارِيج)

der Hahn, Hähne
a cock

un coq
دِيك (دُيُوك)

das Huhn, Hühner
a hen

une poule
دَجَاجَة

das Schaf, -e
a sheep (sheep)

un mouton

خَرُوف (خِرْفَان)

der Widder, -
a ram

un bélier

كَبْش (كِبَاش)

das Lamm, Lämmer
a lamb

un agneau

حَمَل (حُمْلان)

der Schäferhund, -e
a sheepdog

un chien de berger

كَلْبُ الرَّاعِي

der Hirte, -n
a shepherd

un berger

رَاعِي (رُعَاة)

der Hirtenstab, -stäbe
a crook

une houlette

عَصَا الرَّاعِي

das Pferd, -e

a horse

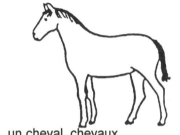

un cheval, chevaux

خَيْل (خُيُول)

das Pony, Ponies

a pony (ponies)

un poney

فَرَس قَزَم (أَفْرَاس أَقْزَام)

der Esel, -

a donkey

un âne

حِمَار (حَمِير)

der Sattel, Sättel

a saddle

une selle

سَرْج (سُرُوج)

der Pferdestall, Pferdeställe

a stable

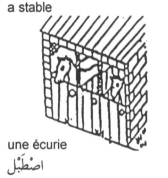

une écurie

اصْطَبْل

der Karren, -

a cart

une voiture à bras

عَرَبَة يَد

der Traktor, -en
a tractor

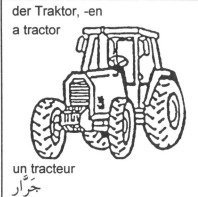

un tracteur
جَرَّار

der Pflug, Pflüge
a plough

une charrue
مِحْرَاث

der Mähdrescher, -
a combine harvester

une moissonneuse-batteuse
حَصَّادَة دَرَّاسَة

der Heuschober, -
a haystack

une meule de foin
كُدْس (أَكْدَاس)

die Scheune, -n
a barn

la grange
مَخْزَن غِلال

der Silo, -s
a silo

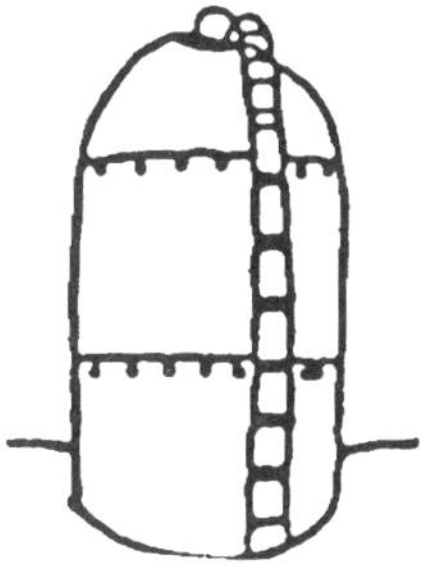

un silo
صَوْمَعَةُ الْغِلال (صَوَامِع)

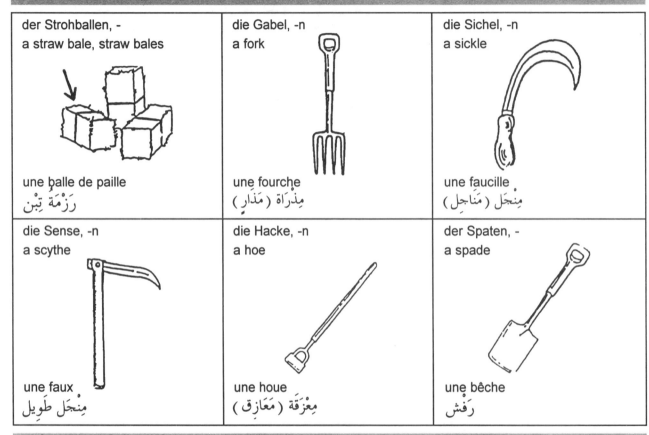

der Strohballen, -
a straw bale, straw bales

une balle de paille
رَزْمَةُ تِبْن

die Gabel, -n
a fork

une fourche
مِذْرَاة (مَذارٍ)

die Sichel, -n
a sickle

une faucille
مِنْجَل (مَناجِل)

die Sense, -n
a scythe

une faux
مِنْجَل طَوِيل

die Hacke, -n
a hoe

une houe
مِعْزَقَة (مَعَازِق)

der Spaten, -
a spade

une bêche
رَفْش

der Kiesel, -

a pebble, pebbles

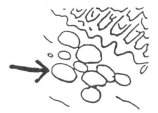

un caillou (-x)

حَصَاة (حصًى)

die Grube, -n

a hole

un trou

حُفْرَة (حُفَر)

die Eule, -n

an owl

un hibou

بُومَة

der Truthahn, -hähne

a turkey

un dindon

دِيك هِنْدِي

das Schwein, -e

a pig

un cochon

خِنْزِير (خَنَازِير)

der Schweinestall, -ställe

a pigsty

une porcherie

زَرِيبَة الْخَنَازِير

der Prellbock, Prellböcke
a buffer, buffers

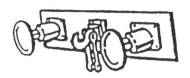

un tampon de choc
مَصَدُّ تَوْقِيف

die Diesellok, -s
a diesel engine

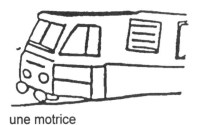

une motrice
قَاطِرَة دِيزِل

der Güterzug, Güterzüge
a goods train

un train de marchandises
قِطَارُ البِضَاعَة

der Bahnübergang, -übergänge
a level-crossing

un passage à niveau
مَزْلَقان

der Kofferkuli, -s
a luggage trolley

un chariot
حَمَّالَة

der Postsack, Postsäcke
a mailbag

un sac postal
حَقِيبَةُ البَرِيد

die Landkarte/der Stadtplan

a map

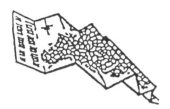

une carte/un plan

خَرِيطَة (خرَائِط)

der Zeitungskiosk, -e

a news-stand

un kiosque à journaux

كُشْكُ الصُّحُف

der Passagier, -e

a passenger

un passager

مُسَافِر

der Bahnsteig, -e

a platform

un quai

رَصِيف (أَرْصِفَة)

der Eisenbahnwagen, -

a railway-carriage

un wagon

عَرَبَة

das Gleis, -e

railway lines

une voie ferrée

سِكَّة حَدِيدِيَّة

das Signal, -e
a signal

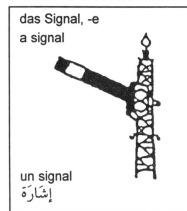

un signal
إِشَارَة

das Stellwerk, -e
a signal-box

un poste d'aiguillage
كُشْكُ السِّكَّةِ الْحَدِيدِيَة

der Bahnhof, -höfe
a station

une gare
مَحَطَّةُ (الْقِطَار)

die Dampflokomotive, -n
a steam engine

une locomotive à vapeur
قَاطِرَة بُخَارِيَة

der Koffer, -
a suitcase

une valise
حَقِيبَة سَفَر

der Fahrkartenautomat, -en
a ticket-machine

un guichet automatique
شُبَّاك أُوتُومَاتِيكِي

Le Chemin de Fer السكة الحديدية

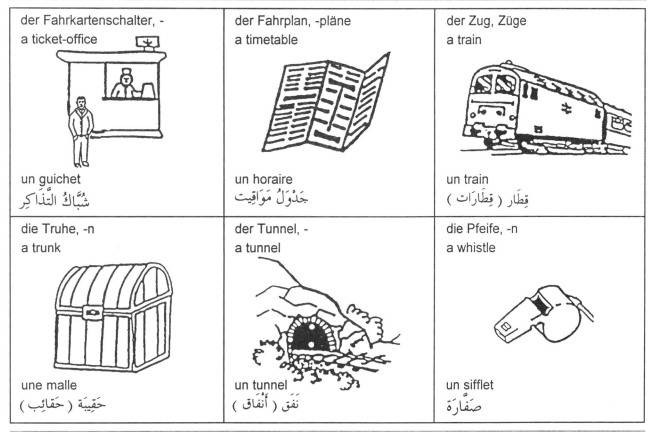

der Fahrkartenschalter, -
a ticket-office

un guichet

شُبَّاكُ التَّذَاكِر

der Fahrplan, -pläne
a timetable

un horaire

جَدْوَلُ مَوَاقِيت

der Zug, Züge
a train

un train

قِطَار (قِطَارَات)

die Truhe, -n
a trunk

une malle

حَقِيبَة (حَقائِب)

der Tunnel, -
a tunnel

un tunnel

نَفَق (أَنْفَاق)

die Pfeife, -n
a whistle

un sifflet

صَفَّارَة

der Kopf, Köpfe
a head

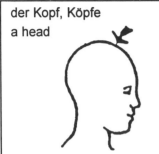

une tête
رَأس (رُؤُوس)

das Haar, -e
hair

un cheveu, -x
شَعْر (شُعُور)

die Stirn, -en
a forehead

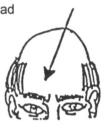

un front
جَبْهَة (جِبَاه)

das Gesicht, -er
a face

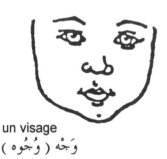

un visage
وَجْه (وُجُوه)

die Augenbraue, -n
an eyebrow

un sourcil
حَاجِب (حَوَاجِب)

das Auge, -n
an eye

un œil (yeux)
عَيْن (عُيُون)

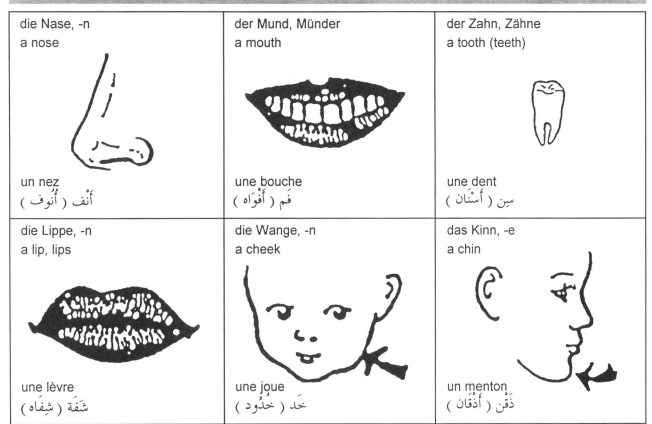

die Nase, -n
a nose

un nez
أَنْف (أُنُوف)

der Mund, Münder
a mouth

une bouche
فَم (أَفْوَاه)

der Zahn, Zähne
a tooth (teeth)

une dent
سِن (أَسْنَان)

die Lippe, -n
a lip, lips

une lèvre
شَفَة (شِفَاه)

die Wange, -n
a cheek

une joue
خَد (خُدُود)

das Kinn, -e
a chin

un menton
ذَقْن (أَذْقَان)

das Ohr, -en

an ear

une oreille

أُذُن (آذَان)

die Zunge, -n

a tongue

une langue

لِسَان (أَلْسِنَة)

der Hals, Hälse

a neck

un cou

عُنُق (أَعْنَاق)

die Schulter, -n

a shoulder

une épaule

كَتِف (أَكْتَاف)

die Brust, Brüste

a chest

une poitrine

صَدْر (صُدُور)

der Magen, Mägen

a stomach

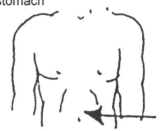

un estomac

مَعِدَة (مِعَد)

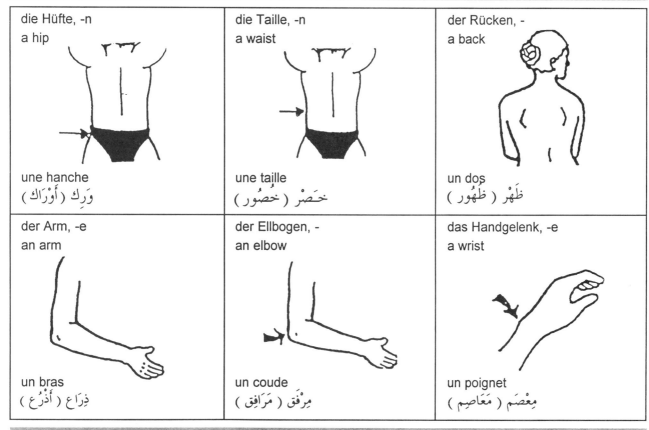

die Hüfte, -n
a hip

une hanche
وَرِك (أَوْرَاك)

die Taille, -n
a waist

une taille
خَصْر (خُصُور)

der Rücken, -
a back

un dos
ظَهْر (ظُهُور)

der Arm, -e
an arm

un bras
ذِرَاع (أَذْرُع)

der Ellbogen, -
an elbow

un coude
مِرْفَق (مَرَافِق)

das Handgelenk, -e
a wrist

un poignet
مِعْصَم (مَعَاصِم)

die Hand, Hände
a hand

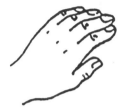

une main
يَد (أَيادِي)

die Faust, Fäuste
a fist

un poing
قَبْضَة

der Finger, -
a finger

un doigt
إِصْبَع (أَصَابِع)

der Fingernagel, Fingernägel
a fingernail

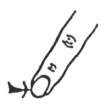

un ongle
ظُفُر (أَظَافِير)

der Daumen, -
a thumb

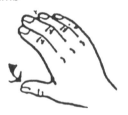

un pouce
إِبْهَام

das Bein, -e
a leg

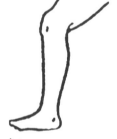

une jambe
رِجْل (أَرْجُل)

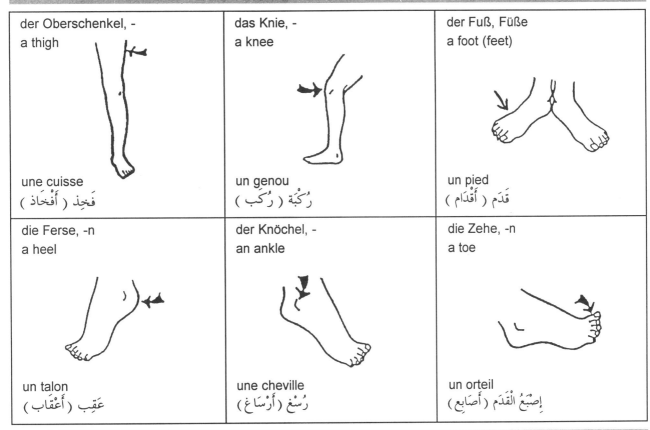

der Oberschenkel, -
a thigh

une cuisse
فَخِذ (أَفْخَاذ)

das Knie, -
a knee

un genou
رُكْبَة (رُكَب)

der Fuß, Füße
a foot (feet)

un pied
قَدَم (أَقْدَام)

die Ferse, -n
a heel

un talon
عَقِب (أَعْقَاب)

der Knöchel, -
an ankle

une cheville
رُسْغ (أَرْسَاغ)

die Zehe, -n
a toe

un orteil
إِصْبَعُ الْقَدَم (أَصَابِع)

ein Haustier, -e

a pet, pets

un animal, animaux

حَيَوَان دَاجِن

die Katze, -n

a cat

un chat

قِطَّة (قِطَط)

der Hund, -e

a dog

un chien

كَلْب (كِلاَب)

der Goldfisch, -e

a goldfish (goldfishes)

un poisson rouge

السَّمَكُ الذَّهَبِي

das Meerschweinchen, -

a guinea pig

un cobaye

خِنزِير هِندي

der Hamster, -

a hamster

un hamster

يَرْبُوع (يَرَابِيع)

der Papagei, -en a parrot	der Wellensittich, -e a budgerigar	das Dromedar, -e a dromedary (dromedaries)

un perroquet بَبَّغاء (بَبَّغاوَات)	une perruche بَبْغاء أُسْتَرَالِي	un dromadaire جَمَل عَرَبِي (جِمَال)
das Kaninchen, -· a rabbit	die Wasserschildkröte, -n a turtle	die Schildkröte, -n a tortoise

un lapin أَرْنَب (أَرَانِب)	une tortue de mer سُلَحْفَاة الْمَاء	une tortue سُلَحْفَاة

das Auto, -s
a car

une voiture
سَيَّارَة

der Wohnwagen, -
a caravan

une caravane
مَقْطُورَةُ نَوْم

das Feuerwehrauto, -s
a fire engine

une voiture de pompiers
سَيَّارَةُ الإِطْفَاء

der Geländewagen, -
a jeep

une jeep
سَيَّارَةُ جِيب

der Lastwagen, -
a lorry

un camion
شَاحِنة

das Motorrad, -räder
a motorcycle

une moto
دَرَّاجَة نَارِيَة

der Tanklaster, -
an oil-tanker

un camion-citerne
ناقِلة نَفْط

das Polizeiauto, -s
a police car

une voiture de police
سَيَّارَةُ الشُّرْطَة

der Rennwagen, -
a racing car

une voiture de course
سَيَّارَةُ السِّباق

der Panzer, -
a tank

un char
دَبَّابَة

der Anhänger, -
a trailer

une remorque
مَقْطُورَة

der Lastwagen, -
a truck

un camion
شَاحِنة

der Kreis, -e
a circle

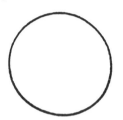

un cercle

دَائِرَة (دَوَائِر)

der Halbkreis, -e
a semi-circle

un demi-cercle

نِصْفُ دَائِرَة

die Kugel, -n
a sphere

une sphère

كُرَة

die Halbkugel, -n
a hemisphere

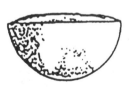

une demi-sphère

نِصْفُ كُرَة

das Oval, -e
an ellipse

une ellipse

إِهْلِيلَج

der Kegel, -
a cone

un cône

مَخْرُوط (مَخَارِيط)

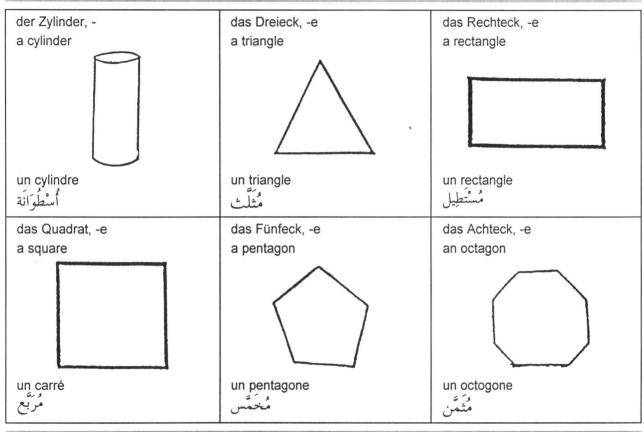

der Zylinder, -
a cylinder

un cylindre
أُسْطُوَانَة

das Dreieck, -e
a triangle

un triangle
مُثَلَّث

das Rechteck, -e
a rectangle

un rectangle
مُسْتَطِيل

das Quadrat, -e
a square

un carré
مُرَبَّع

das Fünfeck, -e
a pentagon

un pentagone
مُخَمَّس

das Achteck, -e
an octagon

un octogone
مُثَمَّن

der Würfel, -
a cube

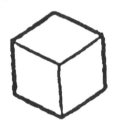

un cube
مُكَعَّب

der Tetraeder, -
a tetrahedron

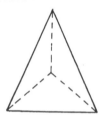

un tétraèdre
هَرَم رُبَاعِي

die Pyramide, -n
a pyramid

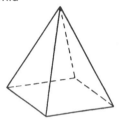

une pyramide
هَرَم (أَهْرَام)

das Prisma, Prismen
a prism

un prisme
مَوْشُور (مَوَاشِير)

der Stern, -e
a star

une étoile
نَجْم (نُجُوم)

der Halbmond, -monde
a crescent

un croissant
هِلَال (أَهِلَّة)

das Bogenschießen
archery

le tir à l'arc
رَمْيُ الْقَوْس

das Federballspiel
badminton

le badminton
كُرَةُ الرِّيشَة

das Baseballspiel
baseball

le baseball
كُرَةُ القَاعِدَة

das Boxen
boxing

la boxe
مُلاَكَمَة

das Schachspiel
chess

les échecs
شَطْرَنْج

das Kricketspiel
cricket

le cricket
لُعْبَةُ الْكْرِكِت

das Radrennen

cycle racing

une course cycliste

سِبَاقُ الدَّرَّاجَات

der Spicker, -

darts

les fléchettes

لُعْبَةُ السِّهَامِ المَرِيشَة

der Würfel, -

dice

un dé (à jouer)

نَرْد

das Angeln

fishing (= angling)

la pêche à la ligne

صَيْد بِصِنَّارَة

das Fußballspiel

football (= soccer)

le football

كُرَةُ القَدَم

das Golfspiel

golf

le golf

لُعْبَةُ الغُولْف

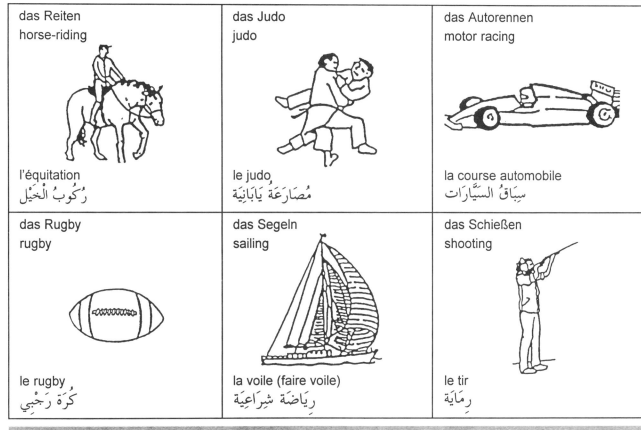

das Reiten
horse-riding

l'équitation
رُكُوبُ الْخَيْل

das Judo
judo

le judo
مُصَارَعَة يَابَانِيَة

das Autorennen
motor racing

la course automobile
سِبَاقُ السَّيَّارَات

das Rugby
rugby

le rugby
كُرَة رَجْبِي

das Segeln
sailing

la voile (faire voile)
رِيَاضَة شِرَاعِيَة

das Schießen
shooting

le tir
رِمَايَة

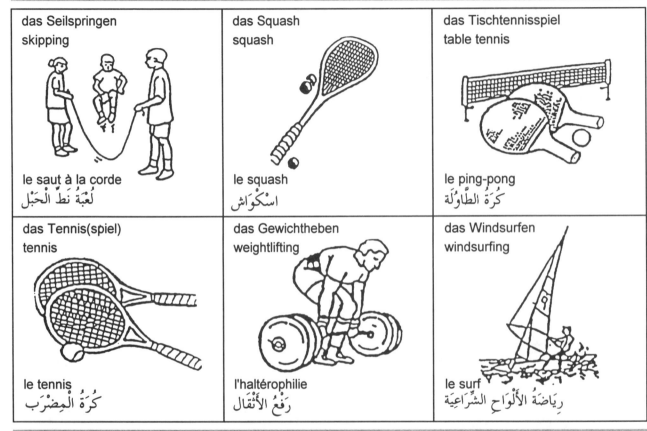

das Seilspringen
skipping
le saut à la corde
لُعْبَةُ نَطِّ الْحَبْل

das Squash
squash
le squash
اسْكْوَاش

das Tischtennisspiel
table tennis
le ping-pong
كُرَةُ الطَّاوُلَة

das Tennis(spiel)
tennis
le tennis
كُرَةُ الْمِضْرَب

das Gewichtheben
weightlifting
l'haltérophilie
رَفْعُ الأَثْقَال

das Windsurfen
windsurfing
le surf
رِيَاضَةُ الأَلْوَاح الشِّرَاعِيَة

die Batterie, -n
a battery (batteries)

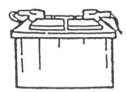

une batterie
بَطَّارِيَة كَهْرُبَائِية

die Kühlerhaube, -n
a bonnet

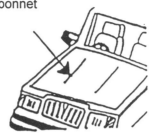

un capot
غِطَاءُ الْمُحَرِّك

der Kofferraum, -räume
a boot

un coffre
صُنْدُوقُ السَّيَّارَة

die Stoßstange, -n
a bumper

un pare-chocs
مِصَدّ (مَصَادّ)

der Auspuff, -puffe
an exhaust-pipe

un tuyau d'échappement
أُنْبُوبُ الْعَادِم

der Scheinwerfer, -
a headlight (headlights)

un phare
مِصْبَاح أَمَامِي (مَصَابِيح)

der Kühler, -
a radiator

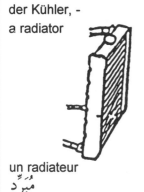

un radiateur
مُبَرِّد

der Sicherheitsgurt, -e
a seat-belt

une ceinture de sécurité
حِزامُ السَّلامَة

das Lenkrad, -räder
a steering-wheel

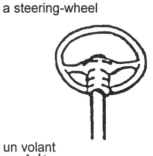

un volant
عَجَلَةُ الْقِيادَة

der Reifen, -
a tyre

un pneu
إِطارُ الْعَجَلَة

das Rad, Räder
a wheel

une roue
عَجَلَة

die Windschutzscheibe, -n
a windscreen

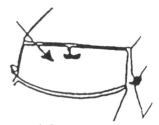

un pare-brise
زُجاج أَمامِي

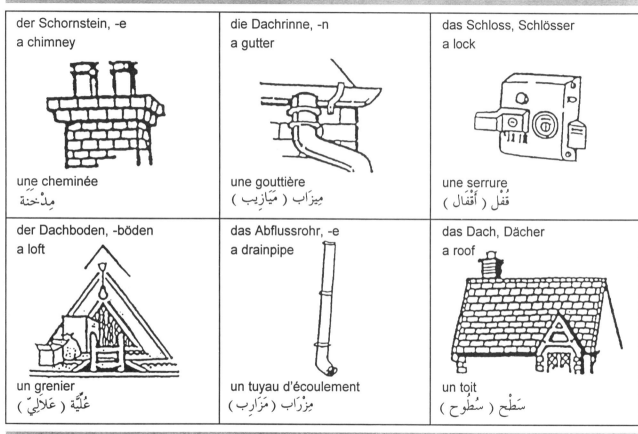

der Schornstein, -e
a chimney

une cheminée
مِدْخَنة

die Dachrinne, -n
a gutter

une gouttière
مِيزَاب (مَيَازِيب)

das Schloss, Schlösser
a lock

une serrure
قُفْل (أَقْفَال)

der Dachboden, -böden
a loft

un grenier
عُلِّيَّة (عَلَالِيّ)

das Abflussrohr, -e
a drainpipe

un tuyau d'écoulement
مِزْرَاب (مَزَارِب)

das Dach, Dächer
a roof

un toit
سَطْح (سُطُوح)

die Satellitenschüssel, -n

a satellite dish

une parabole

صَحْن هَوَائِي

die Treppe, -n

a stair, stairs

un escalier

دَرَجُ السُّلَّم

die Fernsehantenne, -n

a television aerial

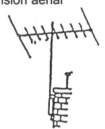

une antenne de télévision

سِلْك هَوَائِي

der Dachziegel, -

a roof tile, tiles

une tuile

قِرْمِيد (قَرَامِيد)

die Wand, Wände

a wall

un mur

حَائِط (حِيطَان)

das Fenster, -

a window

une fenêtre

نَافِذة (نَوَافِذ)

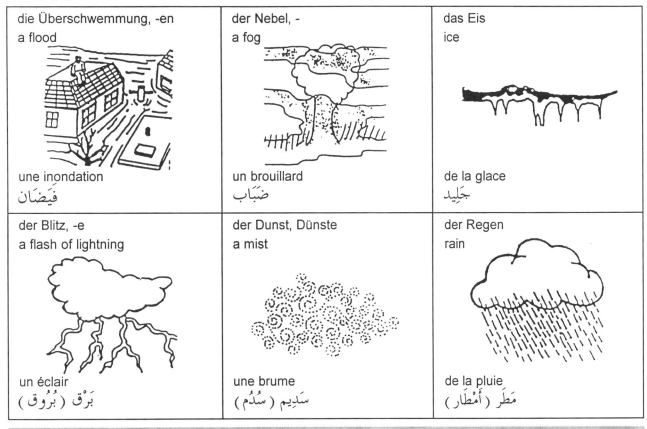

die Überschwemmung, -en
a flood

une inondation
فَيَضَان

der Nebel, -
a fog

un brouillard
ضَبَاب

das Eis
ice

de la glace
جَلِيد

der Blitz, -e
a flash of lightning

un éclair
بَرْق (بُرُوق)

der Dunst, Dünste
a mist

une brume
سَدِيم (سُدُم)

der Regen
rain

de la pluie
مَطَر (أَمْطَار)

der Regenbogen, -bögen
a rainbow

un arc-en-ciel
قَوْسُ قُزَحٍ (أقْوَاس)

der Schnee
snow

de la neige
ثَلْج (ثُلوج)

der Sturm, Stürme
a storm

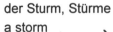

une tempête
عَاصِفة

der Donner
thunder

de la tonnerre
رَعْد (رُعُود)

der Wirbelwind, -e
a whirlwind

une tornade
إعْصَار (أعَاصِير)

der Wind, -e
wind

du vent
رِيح (رِيَاح)

ein Ball, Bälle
a ball

un ballon

كُرَة

der Bauklotz, -klötze
a brick, bricks

des cubes

قِرْمِيدُ اللَعْب (قَرَامِيد)

die Puppe, -n
a doll

une poupée

دُمْيَة (دُمىً)

das Puppenhaus, -häuser
a doll's house

une maison de poupée

بَيْتُ الدُّمَية

das Puzzle, -s
a jigsaw puzzle

un puzzle

لُعْبَةُ صُوَرٍ مَقْطُوعَة

der Drachen, -
a kite

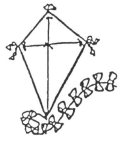

un cerf-volant

طَيَّارَةُ وَرَقٍ

die Murmel, -n
a marble, marbles

une bille
كُلَّة (كُلَل)

das Schaukelpferd, -e
a rocking-horse

un cheval à bascule
حِصَان خَشَبِي

das Springseil, -e
a skipping-rope

une corde à sauter
حَبْلُ النَّطَّة

der Teddybär, -en
a teddy bear

un nounours
دُبّ قُمَاشِي

der Zinnsoldat, -en
a toy soldier

un soldat de plomb
دُمْيَة رَصَاص

die Modellbahn, -en
a train set

un train électrique
لُعْبَة الْقِطَار

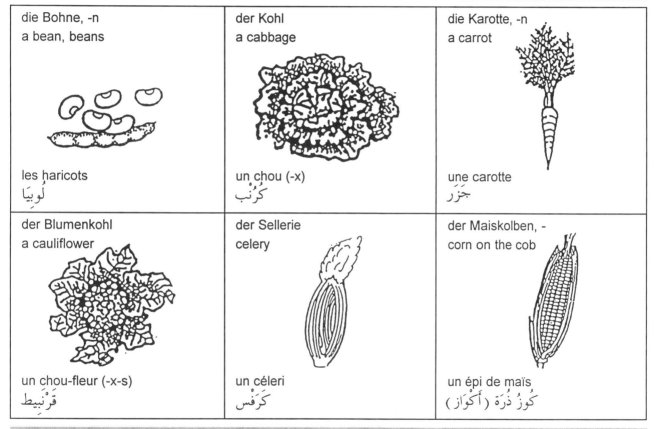

die Bohne, -n
a bean, beans

les haricots
لُوبِيَا

der Kohl
a cabbage

un chou (-x)
كُرُنْب

die Karotte, -n
a carrot

une carotte
جَزَر

der Blumenkohl
a cauliflower

un chou-fleur (-x-s)
قَرْنَبِيط

der Sellerie
celery

un céleri
كَرَفْس

der Maiskolben, -
corn on the cob

un épi de maïs
كُوزُ ذُرَة (أَكْوَاز)

die Gurke, -n
a cucumber

un concombre

خِيَار

der Lauch
a leek

un poireau

كُرَّاث

der Kopfsalat, -e
a lettuce

une laitue

خسّ

der Pilz, -e
a mushroom

un champignon

فُطْر

die Zwiebel, -n
an onion

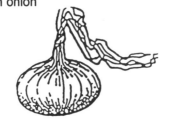

un oignon

بَصَل

die Erbse, -n
a pea, peas

un petit pois

جُلُبَّان

die Kartoffel, -n
a potato (potatoes)

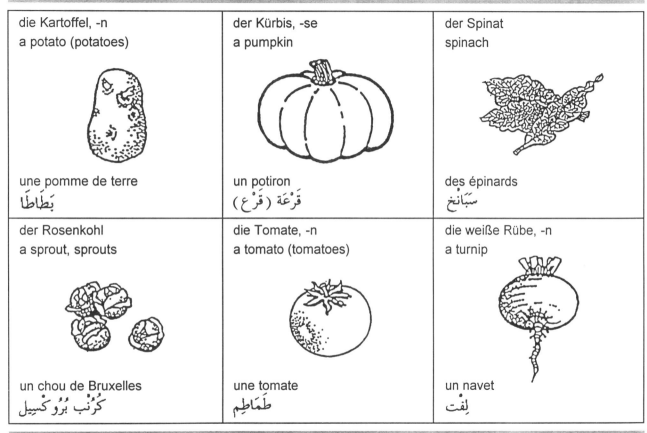

une pomme de terre
بَطَاطَا

der Kürbis, -se
a pumpkin

un potiron
قَرْعَة (قَرْع)

der Spinat
spinach

des épinards
سَبَانِخ

der Rosenkohl
a sprout, sprouts

un chou de Bruxelles
كُرُنْب بُرُوكْسِيل

die Tomate, -n
a tomato (tomatoes)

une tomate
طَمَاطِم

die weiße Rübe, -n
a turnip

un navet
لِفْت

der Pfeil, -e
an arrow

une flèche
سَهْم (سِهَام)

der Bogen, Bögen
a bow

un arc
قَوْس (أَقْوَاس)

die Kanone, -n
a cannon

un canon
مِدْفَع (مَدَافِع)

der Dolch, -e
a dagger

une dague
خِنْجَر (خَنَاجِر)

die Standarte, -n
a flag, a standard

un étendard
لِوَاء (أَلْوِيَة)

der Helm, -e
a helmet

un casque
خُوذَة (خُوَذ)

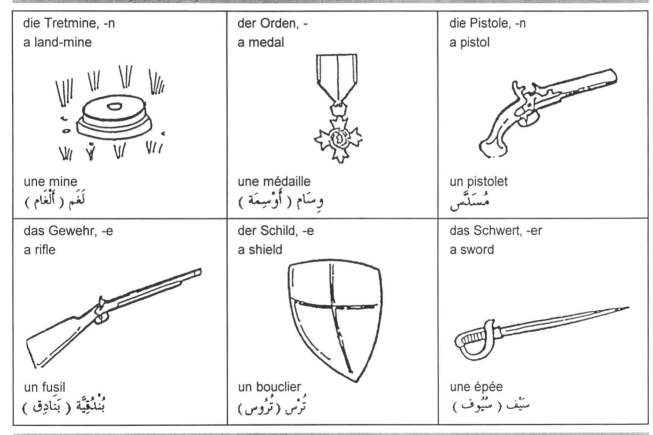

die Tretmine, -n
a land-mine

une mine
لَغَم (أَلْغَام)

der Orden, -
a medal

une médaille
وِسَام (أَوْسِمَة)

die Pistole, -n
a pistol

un pistolet
مُسَدَّس

das Gewehr, -e
a rifle

un fusil
بُنْدُقِيَّة (بَنَادِق)

der Schild, -e
a shield

un bouclier
تُرْس (تُرُوس)

das Schwert, -er
a sword

une épée
سَيْف (سُيُوف)

der Lastkahn, -kähne
a barge

un chaland
صَنْدَل (صَنَادِل)

das Boot, -e
a boat

un bateau
قَارِب (قَوَارِب)

der Kanal, Kanäle
a canal

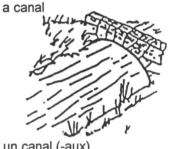

un canal (-aux)
قَنَاة (قَنَوَات)

das Paddelboot, -e
a canoe

un kayac
زَوْرَق كَنَدِي (زَوَارِق)

die Autofähre, -n
a car ferry

un ferry
مُعِدِّيَة (مَعَادٍ)

das Schlauchboot
a dinghy (dinghies)

un canot pneumatique
زَوْرَق مَطَّاطِيّ (زَوَارِق)

das Motorboot, -e
a motorboat

une vedette

قَارِب بِمُحَرِّك

das Ruder, -
an oar

une rame

مِجْذَاف (مَجَاذِيف)

der Öltanker, -
an oil-tanker

un pétrolier

نَاقِلَةُ نَفْط

das Paddel, -
a paddle

une pagaie

مِجْذَاف (مَجَاذِيف)

das Ruderboot, -e
a rowing-boat

un bateau à rames

زَوْرَقٌ تَجْذِيف

der Schlepper, -
a tug

un remorqueur

جَرَّارَة

der Alligator, -en
an alligator

un alligator
تِمْسَاح (تَمَاسِيح)

der Ameisenbär, -en
an ant-eater

un fourmilier
آكِلُ النَّمْل

die Antilope, -n
an antelope

une antilope
ظَبْي (ظِبَاء)

der Menschenaffe, -n
an ape

un grand singe
قِرْد (قِرَدَة)

der Pavian, -e
a baboon

un babouin
رُبَّاح (رَبَابِيح)

der Dachs, -e
a badger

un blaireau
غُرَيْر

die Fledermaus, -mäuse

a bat

une chauve-souris (-s-s)

وَطْوَاط (وَطَاوِيط)

der Bär, -en

a bear

un ours

دُبّ (دِبَبَة)

der Biber, -

a beaver

un castor

قُنْدُس

das Wisent, -e

a bison (bison)

un bison

جَامُوس (جَوَامِيس)

der Büffel, -

a buffalo (buffaloes or buffalo)

un buffle

ثَوْر أَمْرِيكِي

der Gepard, -e

a cheetah

un guépard

فَهْد (فُهُود)

das Krokodil, -e
a crocodile

un crocodile
تِمْسَاح (تَمَاسِيح)

der Hirsch, -e
a deer (deer)

un cerf
أَيِّل (أَيَائِل)

der Delphin, -e
a dolphin

un dauphin
دُلْفِين

das Kamel, -e
a camel

un chameau, -x
جَمَل (جِمَال)

der Aal, -e
an eel

une anguille
حَنْكَلِيس

der Elefant, -en
an elephant

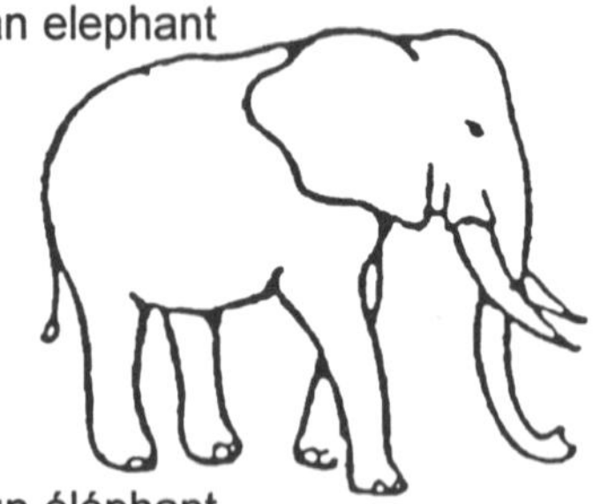

un éléphant
فِيل (فِيَلَة)

der Fuchs, Füchse

a fox

un renard

ثَعْلَب (ثَعَالِيب)

die Gazelle, -n

a gazelle

une gazelle

غَزَالَة (غِزْلَان)

die Giraffe, -n

a giraffe

une girafe

زَرَافَة (زَرَافِي)

der Gorilla, -s

a gorilla

un gorille

غُورِيلا

der Hase, -n

a hare

un lièvre

أَرْنَب وَحْشِي (أَرَانِب)

das Nilpferd, -e

a hippopotamus (hippopotamuses)

un hippopotame

فَرَسُ الْبَحْر

die Hyäne, -n
a hyena

une hyène
ضَبُع (ضِبَاع)

das Känguru, -s
a kangaroo

un kangourou
كَنْغَر

der Leopard, -en
a leopard

un léopard
نِمْر أَرْقَط

der Löwe, -n
a lion

un lion
أَسَد (أُسُود)

die Eidechse, -n
a lizard

un lézard
سِحْلِيَة (سَحَالي)

der Affe, -n
a monkey

un singe
نِسْناس (نَسَانيس)

die Maus, Mäuse
a mouse (mice)

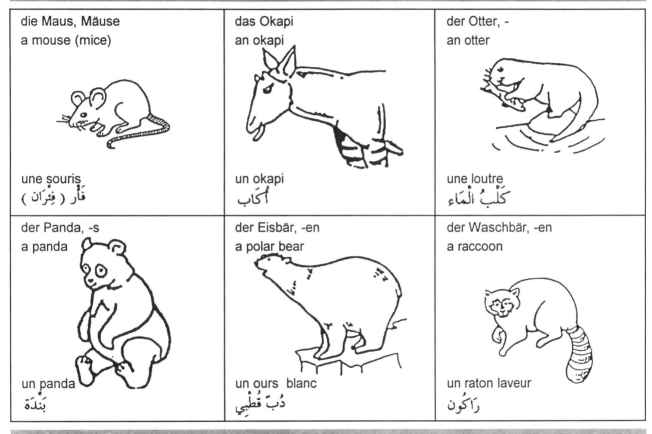

une souris
فَأْر (فِئرَان)

das Okapi
an okapi

un okapi
أُكَاب

der Otter, -
an otter

une loutre
كَلْبُ الْمَاء

der Panda, -s
a panda

un panda
بَنْدَة

der Eisbär, -en
a polar bear

un ours blanc
دُبّ قُطْبِي

der Waschbär, -en
a raccoon

un raton laveur
رَاكُون

die Ratte, -n
a rat

un rat
جُرَذ (جُرْذان)

das Rentier, -e
a reindeer (reindeer)

un renne
رِنّة

das Nashorn, -hörner
a rhinoceros (rhinoceroses)

un rhinocéros
كَرْكَدَنْ

der Seehund, -
a seal

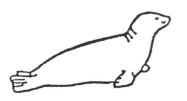

un phoque
فُقْمَة

das Stinktier, -e
a skunk

un putois
نِمْس ناتِن (نُمُوس)

die Schlange, -n
a snake

un serpent
حَيَّة (حَيَّات)

das Eichhörnchen, -
a squirrel

un écureuil
سِنْجَاب (سَنَاجِيب)

der Tiger, -
a tiger

un tigre
نَمِر (نُمُر)

das Gnu, -s
a gnu

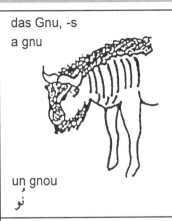

un gnou
نُو

der Wasserbüffel, -
a water buffalo (water buffaloes)

un buffle d'Asie
جَامُوسُ الْمَاء

der Wolf, Wölfe
a wolf (wolves)

un loup
ذِئْب (ذِئَاب)

das Zebra, -s
a zebra

un zèbre
حِمَارُ الزَّرَد

D A

Aal	182
Abfalleimer	80
Abflussrohr	167
Abschleppwagen	108
acht	123
Achteck	159
achtzehn	124
Adler	15
Affe	184
Akrobat	11
Aktentasche	101
Alligator	180
Alphabet	57
alt	31, 35, 38
am Meer	14
Ameise	118
Ameisenbär	180
Ampel	113
Ananas	48
Angeln	162
Angelrute	70
Angler	69
Anhänger	157
Anker	13
Anorak	19
anschieben	2
anstreichen	1
Antilope	180
Apfel	46
Aprikose	46
Aquarium	95

Arbeiter	134
Arm	151
arm*	34
Armbanduhr	30
Armschlinge	85
Arznei	84
Arzt	129
Astronaut	126
Athlet	126
Atlas	57
auf	37
Auflauf	45
Auge	148
Augenbraue	148
Ausgang	11
Auspuff	165
Auster	43
Auto	156
Autofähre	178
Autorennen	163
Autounfall	109
Avocado	46
Axt	114

B

Bach	74
Bäcker	126
Backstein	135
Badeanzug	28
Badewanne	63
Badezimmer	63
Bagger	135
Bahnhof	146

Bahnsteig	145
Bahnübergang	144
Ball	171
Banane	46
Band	26
Bank	104
Bär	181
Baseball	161
Batterie	165
Bauernhaus	55
Baugerüst	136
Bauklotz	171
Baum	107
Bein	152
Berg	53
Bergarbeiter	132
Bergsteiger	72
Besen	77
Bett	67
Betttuch	68
Biber	181
Biene	118
Bienenstock	69
Bild	96
Binde	83
Birne	48
Blatt	80
Bleistift	60
Blitz	169
Blume	78
Blumenbeet	78
Blumenkasten	99
Blumenkohl	173
Blumenstrauß	95

Blumenstrauß	108
Blumentopf	78
Blumenvase	98
Bluse	19
Bogen	176
Bogenschießen	161
Bohle	136
Bohne	173
Bohrinsel	6
Bohrmaschine	114
Boje	13
Boot	5
Boot	178
Bordkante	110
Boxen	161
Braut	108
Bräutigam	108
breit	38
Brennholz	73
Brief	97
Briefmarke	97
Briefträger	132
Briefumschlag	103
Brot*	39
Brücke	51
Brunnen	107
Brust	150
Bücherregal	49
Büchsenöffner	89
Büfett	50
Büffel	181
Bügelbrett	89
Bügeleisen	89
Buggy	111

Bullauge	7
Bungalow	55
Burg	55
Bürgersteig	110
Büroklammer	102
Bus	109
Busch	78
Bushaltestelle	109
Butter	39

C

Chalet	55
Chirurg	86
Clown	127
Cockpit	9
Computer	100
Cowboy	128

D

Dach	167
Dachboden	167
Dachrinne	167
Dachs	180
Dachziegel	168
Dampflokomotive	146
Datentypist	128
Daumen	152
Decke	63
Delphin	182
Diamant	22
dick	37
Diesellok	144

* © Zeichnung: dmg u.a.

D

Güterzug 144

H

Haar	148
Haarbürste	64
Hacke	142
Hafen	5
Hahn	138
Hähnchen	138
Haifisch	7
Haken	60
halb	125
Halbkreis	158
Halbkugel	158
Halbmond	160
Hals	150
Hammer	115
Hamster	154
Hand	152
Handfeger	88
Handgelenk	151
Handschuh	23
Handspiegel	68
Handtasche	23
Handtuch	66
Hangar	9
Hängeregister	101
Harfe	120
Hase	183
Haus	56
Hausboot	56
Häuschen	55
Hausschuh	27
Haustier	154

Hecke	79
Heckenschere	81
Heftmaschine	103
Heißluftballon	72
Heizkörper	98
hell	34
Helm	176
Hemd	26
Herd	90
Heuschober	141
Hi-Fi-Anlage	99
Himbeere	48
hinauf	37
hinunter	37
Hirsch	182
Hirte*	139
Hirtenstab	139
Hobel	116
hoch	33
Hochseil	12
Hocker	93
Höhle	51
Holzfäller	131
Holzscheit	72
Hose	29
Hosenträger	20
Hotdog	41
Hotel	17
Hubschrauber	9
Hüfte	151
Hügel	71
Huhn	138
Hummer	42
Hummerkorb	6

Hund	154
Hundehütte	79
Hut	20
Hut	24
Hütte	17
Hyäne	184

I

Igel	71
Iglu	56
Insekt	119
Insel	52

J

Jacht	8
Jacke	24
Jalousie	99
Jeans	24
Jockey	131
Jogger	104
Joghurt	45
Jongleur	131
Judo	163
jung	38
Junge	108

K

Kabinenbahn	51
Kachel	65
Käfer	118
Käfig	11
Kai	7

Kaktus	95
Kalb	137
Kalender	102
Kamel	182
Kamm	63
Kanal	178
Kanalschacht	110
Känguruh	184
Kaninchen	155
Kanone	176
Kapsel	84
Kapuze	24
Karotte	173
Karren	140
Karte	95
Kartoffel	175
Karussell	106
Käse	40
Kassiererin	127
Katze	154
Kegel	158
Kehrschaufel	88
Keks	39
Kellner	134
Kiesel	143
Kind	57
Kinderbett	83
Kinderwagen	111
Kinn	149
Kino	109
Kirche	18
Kirsche	46
Kissen	68
Kiwi	47

Kladde	102
Klebstoff	103
Kleid	22
Kleiderbügel	67
Kleiderschrank	50
klein	36
klein	36
kleine Teppich	98
Klempner	132
klettern	104
Klippe	51
Knie	153
Knöchel	153
Knochen	83
Knopf	21
Knopfloch	21
Koch	128
Kochplatte	90
Kochtopf	91
Koffer	146
Kofferkuli	144
Kofferraum	165
Kohl	173
Komma	58
Kommode	49
Kompaß	51
Kontrollturm	9
Kopf	148
Kopfsalat	174
Kopftuch*	24
Korb	87
Körperpuder	65
Kotelett	40
Krämer	130

D

D

Papier	102
Papierkorb	103
Park	105
Passagier	145
Pavian	180
Pelikan	15
Perle	6
Perle	19
Pfanne	91
Pfannkuchen	43
Pfeife	147
Pfeil	176
Pferd	140
Pferdestall	140
Pfirsich	48
Pflanze	80
Pflanzkelle	82
Pflaume	48
Pflug	141
Pfütze	105
Picknick	105
Pilot	132
Pilz	174
Pinguin	15
Pinsel	59
Pinsel	136
Pistole	177
Plakat	111
Planet	53
Planschbecken	104
Polizeiauto	157
Polizistin	132
Pony	140
Popcorn	11
Posaune	121
Postkarte	97
Postsack	144
Prellbock	144
Presslufthammer	111
Prisma	160
Pullover	25
Pullover,-	28
Punkt	59
Puppe	171
Puppenhaus	171
Puzzle	171
Pyramide	160

Q

Quadrat	159

R

Rad	166
Radar	10
Radiergummi	61
Radio	99
Radrennen	162
Rakete	53
Rasenmäher	79
Rasierapparat	64
Rasiermesser	64
Ratte	186
Raupe	118
Reagenzglas	62
Rechen	80
Rechenaufgabe	62
Rechteck	159
rechts	34
Regen	169
Regenbogen	170
Regenhut	25
Regenschirm	29
Regenwurm	82
reich*	34
Reifen	110
Reifen	166
Reihenhaus	56
Reis	43
Reisetasche	19
Reißnagel	102
Reißnagel	117
Reißverschluss	30
Reiten	163
rennen	2
Rennwagen	157
Rentier	186
Rettungsring	6
Rettungsweste	5
Richter	131
richtig	35
Riegel	77
riesig	33
Ring	26
Rock	27
Rollschuh	112
Rollstuhl	85
Rose	80
Rosenkohl	175
Rotkehlchen	16
Rotorblatt	10
Rübe (weiße)	175
Rücken	151
Rucksack	73
Ruder	179
Ruderboot	179
Rugby	163
Rührschüssel	92
Rutschbahn	106

S

Sack	80
Safe	103
Säge	116
Salat	43
Salz	44
Samen	81
Sandale	26
Sandburg	14
Sandkasten	106
Sandpapier	116
Sandwich	44
Sänger	133
Sari	26
Satellit	54
Satellitenschüssel	168
Sattel	140
Säugling	83
Saxophon	121
Schach	95
Schach	161
Schädel	85
Schaf	139
Schäferhund	139
Schaffner	134
Schal	26
Schalter	93
Schaufel	81
Schaukel	107
Schaukelpferd	172
Schaukelstuhl	50
Schauspieler	126
Scheinwerfer	165
Schere	61
Scheune	141
Schießen	163
Schiff	7
Schiffsmast	6
Schild	106
Schild	177
Schildkröte	155
Schlafanzug	25
schlafen	3
Schlafzimmer	67
Schlange	111
Schlange	186
Schlauch	79
Schlauchboot	178
Schleier*	30
Schleife	20
Schlepper (Boot)	179
Schleuse	52
Schließfach	59
Schloss	167
Schloß	56
Schlüssel	96
Schmetterling	70
Schmetterlingsnetz	70

D

D

A

above	31
acorn	69
acrobat	11
actor	126
air-hostess	126
alarm-clock	67
alligator	180
alphabet	57
ambulance	83
anchor	13
ancient	31
angler	69
animal	69
ankle	153
anorak	19
ant	118
ant-eater	180
antelope	180
ape	180
apple	46
apricot	46
apron	19
aquarium	95
archery	161
arm	151
armchair	49
arrow	176
artist	126
astronaut	126
athlete	126
atlas	57

* © drawing: dmg et al.

avocado	46
axe	114

B

baboon	180
baby	83
back	151
badger	180
badminton	161
bag	19
baker	126
ball	171
balloon	104
banana	46
bandage	83
barbecue	77
bareback rider	11
barge	178
barn	141
barrel	77
baseball	161
basket	87
bat	181
bath	63
bathroom	63
battery	165
beach-ball	13
bead	19
beaker	75
beans	173
bear	181
beaver	181
bed	67
bedroom	67

bedside lamp	68
bee	118
beehive	69
beetle	118
bell	57
below	31
belt	19
bench	104
bicycle	108
big	36
binoculars	69
bird's nest	69
biscuit	39
bison	181
black	32
blackboard	57
block of flats	55
blouse	19
boat	178
bolt	114
bolt (for gate)	77
bone	83
bonfire	77
bonnet	20
bonnet	165
bookcase	49
boot	20
boot	165
bottle	87
bottom	32
bouquet	108
bow	20
bow	176
bow tie	20

bowl	87
boxing	161
boy	108
braces	20
bread*	39
breadboard	92
breakdown lorry	108
brick	135
brick (bricks)	171
bricklayer	127
bride	108
bridegroom	108
bridge	51
brief-case	101
broom	77
brush	88
bubble	63
bucket	88
buckle	20
budgerigar	155
buffalo	181
buffer	144
bulb	77
bull	137
bumper	165
bun	39
bunch of flowers	95
bungalow	55
bunk beds	67
buoy	13
bus	109
bus-stop	109
bush	78
busker (musician)	127

butcher	127
butter	39
butterfly	70
butterfly net	70
button	21
buttonhole	21

C

cabbage	173
cabinet	63
cable-car	51
cactus	95
cage	11
cake	39
cake tin	89
calculator	101
calendar	102
calf	137
camel	182
camera	109
can	89
canal	178
candy floss	39
cannon	176
canoe	178
cap	21
cape	21
car	156
car ferry	178
caravan	156
card, cards	95
cardigan	21
carpenter	127

carpet	95	circle	158	crab	40	desk	100	dumper truck	135

carpet 95
carrot 173
cart 140
cashier 127
castle 55
cat 154
caterpillar 118
cauliflower 173
cave 51
ceiling 63
celery 173
cement mixer 135
chainsaw 116
chalet 55
chalk 57
chart 102
cheek 149
cheese 40
cheetah 181
cherry 46
chess 161
chessboard 95
chest 150
chest of drawers 49
chick 138
chicken 138
child 57
chimney 167
chin 149
chisel 114
chocolate 40
chop 40
church 18
cinema 109

circle 158
circus 11
cliff 51
climb 104
clock 96
cloud 70
clown 127
coat 21
coat-hanger 67
cobweb 96
cock 138
cockpit 9
cockroach 118
comb 63
combine harvester 141
comma 58
compass 51
compasses (pair) 58
computer 100
computer operator 128
conductor (music) 128
cone 158
control tower 9
cook 128
cooker 90
corn on the cob 173
cot 83
cottage 55
cotton-wool 83
couscous 40
couscous steamer 91
cow 137
cowboy 128
cowshed 137

crab 40
crane 135
crash 109
crayon 58
crescent 160
cricket 161
crocodile 182
crook 139
crown 22
crutch 84
cube 160
cucumber 174
cup 75
cupboard 49
curtain 96
curved 31
cycle racing 162
cylinder 159

D

daffodil 70
dagger 176
dancer 128
dark 34
darts 162
deckchair 13
decorator 128
deep 35
deep-sea diver 129
deer 182
delivery man 129
dentist 129
desert 51

desk 100
diamond 22
dice 162
diesel engine 144
dig (to) 1
digger 135
dinghy 178
dining-chair 49
disc (computer) 100
dish-washer 94
Djellabah 22
doctor 129
dog 154
doll 171
doll's house 171
dolphin 182
donkey* 140
door 64
doughnut* 40
dove 15
down 37
drainpipe 167
drawer 49
drawing 58
drawing-pin 102
dress 22
dressing-gown 22
dressing-table 50
drill 114
drink (to) 1
dromedary* 155
drum 120
dry 38
duck 138

dumper truck 135
dustpan 88
duvet 67
dwarf 33

E

eagle 15
ear 150
earring 22
earth 52
easel 58
east 52
eat (to) 1
eclipse 52
eel 182
egg 41
egg-timer 87
eggcup 75
eight 123
eighteen 124
elbow 151
electric shaver 64
electrician 129
elephant 182
eleven 123
ellipse 158
empty 32
engine-driver 129
envelope 103
exercise-book 58
exhaust-pipe 165
exit 11
eye 148
eyebrow 148

F

face	148
face mask	84
factory	17
fan	23
farmhouse	55
fat	33
fax machine	101
feather	23
fence	78
fez	23
field	70
fifteen	124
fifty	125
file	101
file	114
finger	152
fingernail	152
fire engine	156
fire-fighter	130
fish	41
fisherman	130
fishing (angling)	162
fishing-boat	5
fishing-net	5
fishing-rod	70
fist	152
five	122
flamingo	15
flash of lightning	169
flood	169
flower	78
flower-bed	78
flowerpot	78

fly	118
fog	169
food mixer	92
foot, feet	153
foot-pump	115
football (soccer)	162
footballer	130
forehead	148
forest	71
fork	75
fork	142
fork-lift truck	135
forty	125
fountain	104
four	122
fourteen	124
fox	183
freezer	91
fried egg	41
frog	71
frogman	130
fruit	41
frying-pan	91
fuel tanker	9
full	32
full stop	59
funnel	5

G

garage	17
garden	78
gate	79
gazelle	183

giant	33
giraffe	183
girl	109
glass	75
globe	59
glove	23
glue	103
gnu	187
goat	137
goldfish	154
golf	162
golfer	130
goods train	144
goose	138
gorilla	183
grape	47
grapefruit	46
greenhouse	79
grocer	130
guineapig	154
guitar	120
gutter	167
gym shoe	23

H

hair	148
hairbrush	64
hairdresser	131
hairdryer	68
half	125
hammer	115
hamster	154
hand	152

handbag	23
handkerchief	24
hangar	9
harbour	5
hard hat	136
hare	183
harp	120
hats	24
haystack	141
head	148
headlight	165
headscarf*	24
hedge	79
hedgehog	71
heel	153
helicopter	9
helmet	176
hemisphere	158
hen	138
hi-fi	99
high	33
hiker	71
hill	71
hip	151
hippopotamus (-es)	183
hob	90
hoe	142
hole	143
hood	24
hoop	110
horse	140
horse-riding	163
hose	79
hospital bed	86

hot dog	41
hot-air balloon	72
hotel	17
house	56
houseboat	56
hut	17
hyena	184

I

ice	169
ice cream	41
ice lolly	42
iceberg	5
igloo	56
insect	119
iron	89
ironing-board	89
island	52

J

jacket	24
jam	42
jar	87
jeans	24
jeep	156
jet engine	9
jigsaw puzzle	171
jockey	131
jogger	104
judge	131
judo	163
jug	87

GB

GB

pear 48
pearl 6
pebble 143
pedal bin 88
peg 60
pelican 15
pen 60
pencil 60
penguin 15
penknife 60
pentagon 159
perch 155
pet 154
petrol pump 110
photograph 96
piano 120
pick .136
picnic 105
picture 96
pig 143
pigeon 111
pigsty 143
pill 84
pillow 68
pilot 132
pineapple 48
pistol 177
plane 10
plane 116
planet 53
plank 136
plant 80
plaster cast 85
plate 76
platform 145
pliers 115
plough 141
plum 48
plumber 132
pocket 25
polar bear 185
police car 157
policewoman 132
pond 105
pony 140
poor 34
popcorn 11
porthole 7
postcard 97
poster 111
postman 132
pota(-oes) 175
pram 111
pressure cooker 91
prism 160
prison 17
protractor 60
pudding 43
puddle 105
pumpkin 175
push (to) 2
pushchair 111
pyjama 25
pyramid 160

Q

quay 7
question-mark 60
queue 111
quilt 68

R

rabbit 155
raccoon 185
racing car 157
radar 10
radiator 98
radiator 166
radio 99
railing 105
railway lines 145
railway-carriage 145
rain 169
rainbow 170
rainhat 25
rake 80
ram 139
raspberry 48
rat 186
razor 64
recorder 120
rectangle 159
refrigerator 91
refuse collector 133
reindeer 186
rhinoceros 186
ribbon 26
rice 43
rich 34
rifle 177
right 34
right 35
ring 12
ring 26
ringmaster 12
river 53
road 73
road drill 111
robin 16
rock 53
rocket 53
rocking-chair 50
rocking-horse 172
roller-skates 112
rolling-pin 93
roof 167
roof tile 168
rope 12
rose 80
rotor blade 10
roundabout 106
rowing-boat 179
rubber (eraser) 61
rubber duck 64
rubber ring 13
rubbish bin 80
rucksack 73
rug 98
rugby 163
ruler 61
run (to) 2
runway 10

S

sack 80
saddle 140
safe 103
safety-net 12
sailboard 13
sailing 163
sailing boat 7
sailor 133
salad 43
salt 44
sandal 26
sandcastle 14
sandpaper 116
sandpit 106
sandwich 44
sari 26
satchel 61
satellite 54
satellite dish 168
saucepan 91
saucer 76
sausages 44
saw 116
saxophone 121
scaffolding 136
scales 85
scales 93
scarecrow 73
scarf 26
school 61
scientist 133
scissors 61
scooter 112
screw 116
screwdriver 116
scythe 142

GB

seagull 16
seal 186
seashell 14
seat-belt 166
seaweed 14
seed 81
seesaw 106
semi-circle 158
set-square 61
settee 50
seven 123
seventeen 124
sew (to) 2
sewing-machine 98
shallow 35
shampoo 65
shark 7
shears 81
shed 81
sheep 139
sheepdog 139
sheet 68
shepherd* 139
shield 177
ship 7
shirt 26
shoe 27
shoelaces 27
shooting 163
shop 112
short 36
shorts 27
shoulder 150
shovel 81
shower 65
sickle 142
sideboard 50
sieve 93
sign 106
signal 146
signal-box 146
signpost 73
silo 141
sing (to) 2
singer 133
sink 94
sit (to) 2
six 122
sixteen 124
skater 106
skeleton 85
ski (to) 2
skip (to) 3
skipping 164
skipping-rope 172
skirt 27
skull 85
skunk 186
sleep (to) 3
slide 106
sling 85
slippers 27
slug 81
small 36
snack-bar 107
snail 81
snake 186
sneeze (to) 3
snorkel 14
snow 170
snowman 107
soap 65
sock 27
soldier 133
soufflé 45
soup 44
south 54
space 54
spade 142
spaghetti 44
spanner 117
sphere 158
spinach 175
sponge 65
spoon 76
sprouts 175
square 159
squash 164
squirrel 187
stable 140
stairs 168
stamp 97
stand (to) 3
standard 176
stapler 103
star 54
star 160
starfish 8
station 146
statue 107
steam engine 146
steeplejack 133
steering-wheel 166
step (steps) 82
stethoscope 86
stick 73
stocking 28
stomach 150
stone 73
stool 93
stop-watch 62
stork 16
storm 170
straight 31
straw bale 142
strawberry 48
stream 74
street 112
string 62
submarine 8
sugar 44
suitcase 146
sum 62
sun 54
sunglasses 28
sunhat 28
supermarket 112
surgeon 86
swan 16
sweater 28
sweep (to) 3
sweets 45
swim (to) 3
swimsuit 28
swing (swings) 107
switch 93
sword 177
syringe 86

T

T-shirt 28
table 50
table mat 75
table tennis 164
tablecloth 76
tablet 86
tack 117
tadjine (stew) 45
talcum powder 65
tall 36
tambourine 121
tank 157
tap 94
tape-measure 98
taxi 112
taxi-driver 134
tea 45
teapot 76
teaspoon 76
teddy bear 172
telephone 101
telephone box 113
television 99
television aerial 168
temple 18
ten 123
tennis 164
tent 74
terraced houses 56
test-tube 62

GB

tetowel 94
tetrahedron 160
textbook 62
the sea 7
the seaside 14
thermometer 86
thick 37
thigh 153
thin 33
thin 37
thirteen 124
thirty 125
three 122
throw (to) 4
thumb 152
thunder 170
ticket-collector 134
ticket-machine 146
ticket-office 147
tie 29
tiger 187
tightrope 12
tights 29
tile 65
timetable 147
tin-opener 89
toad 74
toadstool 74
toaster 92
toe 153
toilet 66
toilet-roll 66
tomato 175
tongue 150
toolbox 117
tooth 149
toothbrush 66
toothpaste 66
top 32
top hat 29
tortoise 155
towel 66
tower 18
toy soldier 172
toyshop 113
tractor 141
traffic cone 113
traffic-lights 113
trailer 157
train 147
train set 172
trainer 29
trapeze 12
tray 93
tree 107
triangle 159
trolley 113
trombone 121
trophy 98
trousers 29
trowel 82
truck 157
trumpet 121
trunk 147
tug 179
tulip 82
tunnel 147
turkey 143
turnip 175
turtle 155
twelve 123
twenty 125
twin 62
two 122
typewriter 101
typist 134
tyre 166

U

umbrella 29
under 37
up 37

V

vacuum cleaner 88
Vacuum flask 71
van 113
vase 98
vegetable 45
veil* 30
vest 30
vice 117
video recorder 99
village 74
violin 121
vulture 16

W

waist 151
waistcoat 30
waiter 134
walk (to) 4
wall 168
walrus 8
wardrobe 50
wash (to) 4
wash-basin 66
washing-machine 94
washing-up liquid 94
wasp 119
wastepaper bin 103
water buffalo 187
waterfall 74
watering-can 82
wave 8
wave (to) 4
weightlifting 164
welder 134
well 107
west 54
wet 38
whale 8
wheel 166
wheelbarrow 82
wheelchair 85
whirlwind 170
whisk 92
whistle 147
white 32
wide 38
wigwam (teepee) 56
wind 170
windbreak 14
windmill 18
window 168
window blind 99
window-box 99
windscreen 166
windsock 10
windsurfing 164
wolf 187
woodpecker 16
wool 30
workbench 117
workman 134
worm 82
wrench 117
wrist 151
wristwatch 30
write (to) 4
wrong 35

X

xylophone 121

Y

yacht 8
yawn (to) 4
yogurt 45
young 38

Z

zebra 187
zip 30

* © dessin: dmg & al.

F

F

								ع	
وَقَفَ (—)	3	نُورُسُ البَحْر	16	نُحَامَة	15	مَهْد	83	مِلْقَط	115	مِعْوَل	136
ي		**ه**		نَحْلَة	118	مَوْجَة	8	مُمَثِّل	59	مِغْطِيس	
يَخْت	8	هَاتِف	101	نَحِيل	33	مَوْز	46	مِمْحَاة	61	مُغَنِّي	133
يَد	152	هَرَم	160	نَرْجِس كَاذِب	70	مُوَزِّع	129	مَمَر	105	مِفْتَاح	96
يَرْبُوع	154	هَرَم رُبَاعِي	160	نَرْد	162	مَوْشُور	160	مُمَرِّضَة	84	مِفْتَاح صَمُولَة	117
اليَسَار	34	هَرْمُونِيكَا	120	نُزْهَة	105	مَوْقِد	90	مَمْلُوء	32	مِلَك	116
يَشْرُع	118	هِلَال	160	نَسْر	15	مَوْقِفُ الحَافِلَات	109	مَنَارَة	17	مِقَص	96
يَمَامَة	111	هِلَال	52	نَسِيجُ العَنْكَبُوت	96	مِيزَاب	167	مَنَامَة لِلرَّجُل	25	مَقْصُورَة الرُّبَّان	9
اليَمِين	34	هُلَام	43	نِصْف	125	مِيزَان	85	مَنَامَة لِلنِّسَاء	25	مَقْطُورَة	157
يَوْمِيَّة	102	هِوَيْسُ القَنَاة	52	نِصْفُ دَائِرَة	158	مِيزَان (مَطْبَخ)	93	مِنَبّه	67	مَقْطُورَة نَوْم	156
		هَيْكَل	18	نِصْفُ كُرَة	158	مِيكَانِيكِي	131	مِنْجَل	142	مَقْعَد	104
		هَيْكَل عَظْمِي	85	نَط (—)	3	مِينَاء	142	مِنْجَل طَوِيل	142	مِقْلَاة	91
		و		نَظَّارَات شَمْسِيَّة	2	**ن**		مِنْجَلَة	117	مَكْتَب	100
		وَاحِد	122	نَظَّارَاتِي	132	نَادِل	134	مَنْجَمِي	160	مُكَعَّب	160
		وَاسِع	38	نَعَامَة	15	نَاسِخَة عَنْ بُعْد	114	مَنَحَت	77	مِكْنَسَة	132
		وِجَارُ الكَلْب	79	نَعْل	26	نَافِذَة	33	مُنْخَفِض	88	مِكْنَسَة اليَد	
		وَجْه	148	نَفَّاخَة	104	نَافُورَة	24	مِنْدِيل	88	مِكْنَسَة كَهْرُبَائِيَّة	
		وَرْدَة	80	نَفَق	147	نَاقِلَة الحَلِيب	24	مِنْدِيلُ الرَّأْس	89	مِكْوَاة	
		وَرَق	102	نِقَارُ الخَشَب	16	نَاقِلَة نِفْط	56	مَنْزِل	67	مِلَاءَة	
		وَرَقُ المِرْحَاض	66	نُقْرَة مَاء	105	نَاقِلَة نِفْط	157	مِنْشَار	161	مُلَاكَمَة	
		وَرَق خَشِن	116	نُقْطَة نِهَايَة	59	نَاقِلَة نِفْط	179	مِنْشَار آلِي	22	مَلْبِس	
		وَرَقَة	80	نَمِر	187	نَام (—)	9	مِنْشَفَة	116	مَلْتَوٍ	31
		وَرِك	151	نَمِر أَرْقَط	184	نَاي	3	مِنْشَفَة	116	مِلْح	44
		وَسَادَة	68	نَمِس نَاتِن	186	نَبْتَة	120	مِنْضَدَة	66	مُلْصَق	111
		وِسَام	177	نَمْلَة	118	نَجَّار	80	مِنْطَاد	94	مِلْعَقَة	76
		وَطْوَاط	181	نَهْر	53	نَجْم	72	مِنْطَار	117	مِلْعَقَة شَاي	76
		وَغَم	56	نُور	187	نَجْمَة	160	مِنْفَاخ	69	مِلَف	101
				نَوَّاسَة	107	نَجْمَةُ البَحْر	54	مِنْقَلَة	115	مِلْفَاف	20
							8		60		

ع ☆

هـــل هـــذا الكتـــاب للتســـلية أو للدراســـة؟

إنه يقصد هدفين:

٭ إن شبهنا دراسة لغة بمأدبة ذات أدوار مختلفة، فهذا الكتاب يحلّ مكان المشهية الخفيفة التي تفتح الشهية وتسهّل هضم الوجبة الرئيسية الثقيلة بالقواعد والمصطلحات اللغوية.

٭ على الرغم من دراستنا الجادة للغة أجنبية ورغم استنادنا إلى قواميس علمية، نجد أنفسنا في ضيق عندما نريد شراء أداة منزلية بسيطة – على سبيل المثال: مكنسة.

في تصفحك لهذا الكتاب لن تتمتــع بتسلية مفيدة فحسب بل تجد أيضا فائدة كبيرة في بحثك عن مفردات معينة في أحد الفهارس التالية:

٭ فهرس الميادين التي ترد فيها المفردات.

٭ فهارس أبجدية للمفردات في اللغات الأربعة ويوجد الفهرس العربي على الصفحات التالية.

الألمانية

يرد كل اسم مسبّقاً بأداة تعريف للإشارة إلى جنسه مذكرا (der) أو مؤنثا (die) أو محايدا (das). وننصح كل من يدرس اللغة بأن يحفظ كل اسم مع أداته. أما

الجمع الشاذ فهو مذكور بعد الفاصلة وينيب خط قصير عـن الأسمـاء أو أقسـامها التـي لا تتغيّـر: der Ausgang, -gänge.

الإنجليزية

نشير إلى الأفعال بالأداة to وإلى الأسماء بأداة تنكير a أو an. يرد الجمع الشاذ بين قوسين، وأما إذ كان جمع الشيء مرسوماً في الصورة، فنذكر هذا الجمع بعـد الفاصلة: a pebble, pebbles.

الفرنسية

نشير إلى جنس الأسماء بـأداة تنكير un أو une، ونذكر الجمع الشاذ بعد الفاصلة: un chou, choux.

العربية

يرد كـل فعل في صيغـة الغـائب في المـاضي، مفرداً ومذكراً، ونذكر تشكيل "العين" في المضارع بين قوسين: أكَلَ (ـُـ).

مطبوع في المغرب، 1999

Bild und Wort

Picture and Word

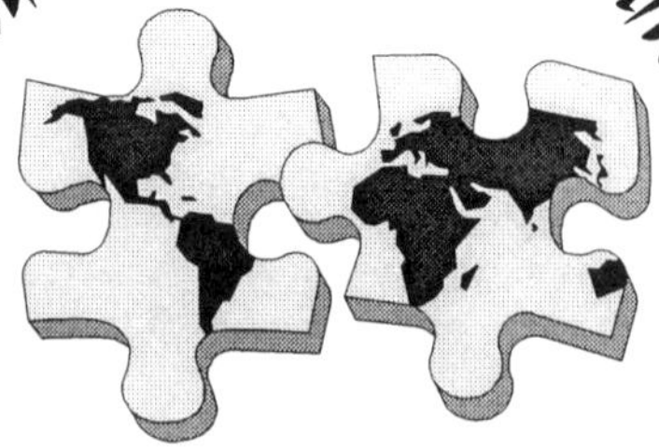

Image et Mot

صورة وكلمة

dmg
didactique & média

B.P. 1658,
MA-30000 FES, Atlas

U.K. Publisher:
IMPART BOOKS
Gwelyfryn, Llanidloes Road
Newtown, Powys SY16 4HX

MANCHESTER MUSLIM PREP SCHOOL
551 WILMSLOW ROAD
WITHINGTON
MANCHESTER
M20 4BA